高校人力资源管理发展与创新

于 玲 ◎ 著

吉林出版集团股份有限公司

版权所有　侵权必究

图书在版编目（CIP）数据

高校人力资源管理发展与创新 / 于玲著. — 长春：吉林出版集团股份有限公司，2023.10

ISBN 978-7-5731-4367-9

Ⅰ．①高… Ⅱ．①于… Ⅲ．①高等学校－人力资源管理－研究 Ⅳ．①G647.23

中国国家版本馆CIP数据核字（2023）第191508号

高校人力资源管理发展与创新

GAOXIAO RENLI ZIYUAN GUANLI FAZHAN YU CHUANGXIN

著　　者	于　玲
出版策划	崔文辉
责任编辑	王　妍
封面设计	文　一
出　　版	吉林出版集团股份有限公司
	（长春市福祉大路5788号，邮政编码：130118）
发　　行	吉林出版集团译文图书经营有限公司
	(http://shop34896900.taobao.com)
电　　话	总编办：0431-81629909　营销部：0431-81629880/81629900
印　　刷	廊坊市广阳区九洲印刷厂
开　　本	710mm×1000mm　1/16
字　　数	220千字
印　　张	13
版　　次	2023年10月第1版
印　　次	2023年10月第1次印刷
书　　号	ISBN 978-7-5731-4367-9
定　　价	78.00元

如发现印装质量问题，影响阅读，请与印刷厂联系调换。电话 0316-2803040

前　言

人才是社会发展的关键，高校是培养人才的摇篮。当下，经济和社会的发展对高素质人才的要求愈加明显。因此，加强高校人力资源管理就显得尤为重要。新形势下，高校只有从难点问题着手，加强对人力资源管理特点的认识、管理方式的变革和管理理念的创新，才能实现高校人力资源的合理配置，提高高校综合竞争力。

高校人力资源管理水平和创新能力是衡量学校整体工作的重要指标之一，在一定程度上决定着高校的发展方向和发展水平。高校人力资源管理创新理念、创新方法，对搞好面向现代化、面向世界、面向未来的教育，以及为国家培养有用人才，具有十分重要的意义。

高校作为培养社会人才的地方，其自身的人力资源管理显得尤为重要。高校只有具备科学的人力资源管理方式，才能为人才培养创造良好的人力资源基础。随着科学技术的较快发展，高校的人力资源管理工作要不断地进行创新，才能满足时代的进步和高校快速发展的要求。高校人力资源管理的科学发展包含多个内容，其管理方式应蕴含着科学管理原理和人本思想；把握本校人力资源发展的动态性；不断优化人力资源结构，消除各种阻碍人力资源科学发展的不利因素。在科学发展和创新发展中，使人力资源管理成为高校发展的有力保障。

本书旨在向读者介绍高校人力资源管理的基本概念、原理和应用，使读者能系统地理解人力资源基础知识，熟练地掌握人力资源基本应用技能。书中涉及面广，实用性强，并强调理论与实际相结合。

由于笔者水平有限，书中难免存在谬误，敬请广大学界同仁与读者朋友批评指正。

目 录

第一章 导论 …………………………………………………… 1
第一节 高校人力资源管理概述 ………………………………… 1
第二节 高校人力资源管理的理论基础 ………………………… 10
第三节 高校人力资源管理的内容与意义 ……………………… 22

第二章 人力资源管理模式 …………………………………… 34
第一节 人力资源管理模式的相关概念 ………………………… 34
第二节 人力资源管理模式的发展研究 ………………………… 41

第三章 高校人力资源管理的基本理论 ……………………… 66
第一节 高校人力资源管理的现状 ……………………………… 66
第二节 高校人力资源管理的创新途径 ………………………… 71
第三节 知识经济与高校人力资源管理 ………………………… 80
第四节 高校人力资源管理文化建设 …………………………… 82
第五节 高校人力资源管理信息化建设 ………………………… 85

第四章 高校人力资源管理模式 ……………………………… 90
第一节 高校人力资源管理模式与发展方向 …………………… 90
第二节 高校教师人力资源管理模式的创新 …………………… 94
第三节 高校图书馆人力资源管理模式 ………………………… 101
第四节 高校后勤人力资源管理的激励模式 …………………… 105
第五节 高校人力资源管理的教师绩效考核模式 ……………… 109

第六节　高校人事管理向人力资源管理模式的转变 ……………… 114

第七节　大数据时代下高校人力资源管理的择优选择模式 ……… 118

第五章　高校人力资源绩效管理 …………………………………… 121

第一节　高校教师的绩效管理 ……………………………………… 121

第二节　高校管理人员的绩效管理 ………………………………… 130

第三节　高校教辅人员的绩效管理 ………………………………… 136

第四节　高校辅导员的绩效管理 …………………………………… 139

第五节　高校人力资源绩效管理创新策略 ………………………… 144

第六章　高校人力资源薪酬福利与社会保障 ……………………… 150

第一节　高校人力资源薪酬体系 …………………………………… 150

第二节　高校人力资源薪酬管理中的问题和措施 ………………… 160

第三节　高校建立合理的薪酬福利激励机制 ……………………… 164

第四节　高校教师社会保障体系现状 ……………………………… 174

第七章　高校人力资源管理创新实践 ……………………………… 178

第一节　高校利用大数据优化人力资源管理的探索 ……………… 178

第二节　大数据环境下高校人事档案的建设创新 ………………… 183

参考文献 …………………………………………………………………… 200

第一章 导论

第一节 高校人力资源管理概述

一、人力资源的概念

"人力资源"已是一个为人们所耳熟能详的词语,但对"人力资源"范畴的认识,素来有多种观点。在此,我们对人力资源的内涵与外延进行一些分析,以便能准确地把握这一概念。

学术界对"人力资源"的定义做出过多种界定。例如:①人力资源是指一个国家或地区拥有的、具有劳动能力的人口的总和。②人力资源是指能够推动整个经济和社会发展的劳动者的能力,即处在劳动年龄的、已直接投入建设或尚未投入建设的人口的能力。③人力资源是指劳动力资源,或称人手,它是由全部人口中有劳动能力的那一部分人口构成的。④人力资源是指一切具有为社会创造物质文化财富、为社会提供劳务和服务的人。⑤人力资源是指具有智力劳动或体力劳动能力的人们的总称。⑥人力资源是指包含在人体内的一种能力,若这种能力未发挥出来,它就是潜在的劳动生产力;若开发出来,它就变成了现实的劳动生产力。

尽管上述定义的具体表述各不相同,但它们有着重要的共同点——"人"

和"劳动能力",而这恰恰是人力资源最为本质的要素。首先,人力资源只能来自"人",它不可能从任何其他物质中孕育出来。其次,任何人都不能仅仅因为是"人"而无条件地成为人力资源。最后,"人"和"劳动能力"缺一不可,只有两者同时具备,方能成为"人力资源"。

综上所述,可以将人力资源定义为:包含在人体内的一种生产能力,是表现在劳动者身上的、以劳动者的数量和质量表示的资源。从更广义的角度来看,只要作为生产要素正在使用或尚未开发的劳动人口都可以视为人力资源。人力资源可分为正在使用的人力资源和尚未开发的人力资源两部分。正在使用的人力资源是指在组织内实际从事各种经济社会活动的人,尚未开发的人力资源是指未参加各种经济社会活动的人。

二、人力资源的特征

(一)时代性

一个时代的社会状况,都会影响和制约在这个时代中发展起来的人,从而使其具有特定的价值观念、道德观念和认知方式等。所以,在对人的管理中,要把人放到其成长的大背景中去考虑,这样才能在人力资源开发的过程中确立目标和方向。

(二)能动性

人在生产力要素中是最积极、最活跃的要素,人具有主观能动性,能主动地、有目的地和有意识地认识世界和改造世界。人力资源具有引导、操纵和控制其他资源的功能,人力资源的能动性可以推动社会发展。对人的能动性调动得好坏,直接决定着人力资源开发的程度和水平。因此,激发和维护人的积极性、主动性和创造性始终是人力资源管理的精髓。

（三）时效性

每个人的一生都要经历一些特定的生理和心理发展阶段，每个发展阶段都有其特性。儿童和少年时期，人的能力尚处于积累阶段。青壮年时期，人的生理与心理都比较成熟，体力充沛，同时随着工作经验的积累和个人素质的培养，各方面的工作也进入最佳状态。在这个时期，组织要开发和利用好人力资源，使人的贡献最大化。如果组织对人力资源储之不用，或没有充分地对其开发使用，按照素质衰退理论，一方面可能导致人的才能逐渐退化，甚至消失；另一方面，过了最佳的生理、心理时期，人的综合素质能力就开始从顶峰下降。这就是人力资源使用的时效性。

（四）再生性

与物质资源的一次性开发不同，人力资源可以不断地进行开发。基于人口的再生产和劳动力的再生产，通过人口总体内的个体的不断更替和劳动力的再生产过程，人力资源可以不断地再生产出来，并世世代代延续下去。人的体能消耗到一定程度，经过休息可以恢复。人的知识陈旧，也可以通过学习加以更新。因此，组织可以通过各种渠道和方式，促使人力资源的能力在使用中被不断地开发出来，而且当人力资源经过每一次新的开发后，其各种能力能够不断积累起来，以往开发出来的能力会在新的开发中发挥作用。这又被称为人力资源的"蓄电池"理论。

（五）高增值性

人力资源的高增值性体现为：对人力资源的投入，能够获得高附加值的回报，而且人力资源体现出了收益递增的规律。人力资源投资收益率在明显地上升，同时劳动者自己可支配的收入也在上升。人力资源收益的份额正在迅速超过其他资源，人力资源的经济价值呈不断上升的趋势。

（六）社会性

人力资源受社会、文化和时代等因素的影响，而具有社会性。社会政治、经济和文化的不同，会导致人力资源质量的不同。每个人因受自身民族文化和社会环境影响的不同，价值观也不尽相同。这会在经营活动或人与人的交往中表现出来。人力资源的社会性，要求人力资源管理要注重团队建设，注重人与人、人与群体、人与社会的关系以及利益的协调与整合，倡导团队精神和社会责任感。

三、人力资源管理的概念

人力资源管理是指运用现代科学方法，对与一定物力相结合的人力进行合理培训、组织与调配，使人力与物力经常保持最佳比例，同时对人的思想、心理和行为进行适当的诱导、控制和协调，充分发挥人的潜能，使人尽其才，事得其人，人事相宜。知识经济时代生产力的提高、经济的发展，更多地取决于作为科学技术、知识文化载体的人力资源。

四、高校人力资源管理的概念

高校资源包括人、财和物等资源，而高校人力资源是高校资源中最精华的部分，它具有创造性、主动性，通常指以脑力劳动为主的劳动者。高校人力资源的定义可以分两大类，即广义和狭义。所谓广义，简而言之就是界定的范围较为广泛，包括在职的、退休的和部分待业甚至失业人员，这些具有劳动能力的社会成员的统称。狭义的高校人力资源包括劳动者的性别、年龄和专业等相关因素，并且涵盖了数量和质量两个主要方面。数量就是劳动者人数，而质量则是对劳动者自身情况的分析，如健康状况、受教育程度、学术技术水平、自身修养、专业素养等相关因素。教学人员即师资、管理人员和后勤服务人员，三者形成一个三角阵势，这个阵势构成了高校人力资源的整个体系。

高校是培养人才的重要地方，也是人力资源最集中的地方，因此对高校人力资源进行合理的管理就是对整个人力资源事业的推进。人力资源管理是通过对人力进行合理的组织、培训及安排，并且结合科学的现代化方法使得人力和物力达到一定的比例，保持长期的平衡。与此同时，高校人力资源的建设针对人的思想和行为都会有效地进行引导，使其充分发挥人的主观能动性，做到人尽其才，提高整个队伍的质量，最终实现目标，获得最大的收益。

从整体的角度上讲，高校人力资源主要指高校内部人力资源部门针对人力的开发、配置和评价等环节进行管理分配的活动。从微观的角度来说，组织和规划高校不同级别的从业人员，规划的内容主要是招聘制度、人员流动及绩效考核等。高校人力资源既有对人的智力开发，也有对人的思想文化的熏陶；既有人的主观能动性能力的发挥，也有对人潜在能力的挖掘；既有预测和规划人力资源的能力，又有人力资源的培训和组织。总之，高校人力资源是高校对人力资源进行有效合理的开发、利用及管理的总称。

五、高校人力资源管理的定位

鉴于高校是作为一个培养高层次人才，生产和传播新知识、新思想的重要基地，以及它在国家创新体系中的重要地位，高校的各级领导和管理部门应对人力资源管理给予充分重视，要尽早积极开展人力资源管理工作，并对未来工作的开展进行定位。

（一）人力资源管理者素质的提高

从事高校人力资源管理的高校管理者需要具有良好的人力资源管理技巧，特别是要正确地掌握好对具有较高教育程度的、学校紧缺专业的人才、高科技人才、中青骨干人才，以及刚刚加入这个队伍的青年人才进行激励的技巧，这些技巧是人力资源管理中至关重要的问题。现代人力资源管理的方向是将传统的经验型、行政型管理转变为科学化、标准化和规范化的管理，管理者应当具有丰富的专业知识和良好的文化素养，尤其是要坚持与时俱进，进一步解放思想，转变观念，真正具有识才的慧眼。高校管理者应以全新的人力资源管理观念作为未来工作的指导，这样不但有利于高校的体制改革的逐步推进，而且有利于高校整体活力的激发。

（二）人力资源管理机制的健全

人力资源管理机制是高校人力资源管理工作中必不可少的要素，也是最为重要的一个环节。包括如下几种机制：激励与约束机制，在人才使用管理中，在坚持权利与义务相一致的同时，必须把激励机制与约束机制结合起来，调动人员的积极性和主动性；服务机制，新的管理方式应以提供优质服务为主，促进人力资源管理作用的发挥，包括信息服务、科研服务、教学服务，牢固树立以人为本的服务理念；人才使用机制，即合理地配置各类人力资源，实现人尽其才，最大限度地挖掘人力资源的潜能，实现人才使用的最优化配置。

（三）人力资源管理新观念的导入

只有管理新观念的导入，才会对今后的管理工作给予正确的指导，树立高校人本观念。重视人的因素、发掘人的潜力、激发人的主动性，建立一套有利于各类人才成长和发挥作用的机制，把人才培养与人才使用结合起来。关注人才职业生涯的发展，学校参与人才职业生涯规划的指导和管理，关键是要为人才的成长和发展创造一个舞台，使其能够充分施展才华，同时要对其发展给予适当帮助和及时引导，使其尽快找到一条科学合理的成长之路，在最终实现自我价值的同时，也能够实现人才的社会价值。这样才能使高校的人才真正做到业务精专、教学科研并重，并且乐于奉献、爱岗敬业。在市场经济和知识经济高速发展的今天，高等学校应牢固树立人才资源是未来高校发展的第一资源的理念，做到积极导入全新的人力资源管理观念，建立健全合理、有效的人力资源管理机制，科学合理地完善高校的人力资源结构，以期实现高校人力资源管理的科学化、规范化，进而增强高校在未来发展中的竞争实力。

六、高校管理的核心是人力资源管理

同其他组织一样，高校资源也包括人、财、物、信息等部分。对财、物和信息的管理都是通过人来实现的。高校人力资源管理的目的就是通过"人尽其才"以达到"财尽其力""物尽其用"。高校人力资源是高校的一项重要无形资产，它渗透到高校组织的整体运作系统中，能为高校创造竞争优势。

高校人力资源是最活跃、最积极的生产要素，具有其他财、物和信息等资源无法比拟的重要性质。人是高校中最活跃的因素，对高校的全部活动起着支配作用。人本身就具有丰富的情感和不同的思维，在不同的时间、地点和情景中会有不同的表现。这是人同其他资源的最大区别。正是人的这种特殊性，决定了人力资源的特殊性——不可复制性和不可模拟性，并且具有潜力，其潜力的发挥可能是无极限的。高校之间互相模拟的是那些主观性、能动性不强的资源，如物质资源、财务资源和信息资源等，像高校之间建筑物及教学设备的设计、财务管理制度、信息的来源等都可以互相效仿，但唯有人力资源是永远不可模拟的，具有很大的发展潜力。因此，在对高校进行管理时，就必须充分认识到高校人力资源的特殊性，充分发挥其不可复制性的优势和自身潜力，以使管理达到最佳效能。

高校人员具有更大的能动性，对其进行管理有利于高校其他管理活动的开展。高校人员在教书育人、科学文化创造以及社会精神文明建设中起着重要作用。高校管理人员具备敏锐的洞察力和先进的经营理念，能合理有效地利用好高校的人力资源，进而使高校的物质资源、财务资源和信息资源等发挥更大的效益。高校完善了人力资源管理，就可以建立一套科学合理的管理体制，包括管理体系、制度建设和管理手段等，这些都是高校高效运作的基础；高校完善了人力资源管理，就可以加强高校的资产管理，合理有效地利用高校的资源，同时可以使各科系间的资源均衡化。所以，高校人力资源是高校最宝贵的战略资源，是其他各项资源的根本。只有合理使用和开发人力资源，才能给高校带来持续的竞争力。

七、高校人力资源管理的职能

（一）人力资源规划

高校为了实现其目标，就必须有能够胜任各种工作的人员。规划是一项工作的开端，同样，人力资源规划也是人力资源管理的开端。开端好了，就为完成好以后的工作奠定基础，铺平道路。高校人力资源规划指的就是根据高校发展战略、学科建设与学术梯队建设目标，分析现有人力资源的素质、职务结构、学历结构、年龄结构、专业结构以及性别结构等因素，在预测高校发展环境的变化及人力资源供给与需求状况的基础上，制订的相应的人才队伍规划，包括短期、中期以及长期规划。它是实现高校战略目标的重要保证，是实现高校可持续发展的重要基础。高校人力资源规划是整个人力资源建设过程中的指导思想。

（二）人员招聘

为了达到高校的人力资源管理目标，通过一系列环节而获得高校所需要的、与工作相适应的合格人员的过程，就是人员的招聘，它在人力资源管理中占有重要的地位。高校人员的招聘主要是指根据高校人力资源的规划，结合学校的学科建设目标以及学术梯队的构建等要求，制订岗位需求、岗位聘任条件、岗位职责以及考核目标等，并经相关学科组专家考核认同而开展的选拔与录用。它是高校不断补充新鲜血液，使高校充满生机活力的重要手段与职能。

（三）人力资源的培训与开发

个人、工作和组织总在不断变化，尤其是对于高校来说，总是在送走一批批的学生的同时又要迎接一批批的新生，这就使得学校的变化日新月异，所以要使个人、组织更有成效，能适应时刻变化的环境以及组织。人力资源开发是必需的，高校要保持其竞争力并且培养出适应社会经济发展的人才，就必须在人力资源开发过程中不断地改进和提高。

人力资源开发，就是以有计划地发掘、培训、发展和利用人力资源为主要内容的一系列活动和过程。它以人力资源投资为前提，包括人力资源的教育、培训、管理以及人才的发现、培养使用与调剂等环节，运用政策、法律、制度和科学方法，提高人的素质和能力，挖掘人的潜力，力求人尽其才、才尽所用，从而促进经济和社会的发展。

（四）人员的绩效、薪酬管理

绩效管理为高校的人力资源部门提供了公平公正的晋升渠道，从而使员工变得更令人满意和更富有成效。

对于高校来说，其员工的劳动大多数是脑力和知识型的劳动，这种劳动的贡献不易计算，其成果反应具有滞后性，科学地计量员工劳动状况和成果是高校人力资源管理的重要内容。

第二节 高校人力资源管理的理论基础

一、战略的人力资源管理理论

战略的人力资源管理理论内核是"适配"。适配的思想起源于生物进化论,该理论认为处于充满风险和变化的环境之中的生命体,其生存和发展取决于是否能与所处的环境状态相一致。这一思想被引入后,学者们着迷于探索人力资源管理与企业环境、战略等相关要素间的适配,并相信良好适配能为企业带来更高的绩效。

1984年,迈尔斯和斯诺提出了一个具有重要影响的人力资源管理与企业战略相适配的理论模型。迈尔斯和斯诺首先在其早期的战略、结构与绩效的基础上,将企业战略划分为三种类型:防御型战略、探索性战略和分析型战略。执行防御战略的企业常常只涉足一个狭小而稳定的产品市场领域,很少对技术和组织结构进行大的调整。这种企业追求以更好和更有效率的方式生产产品或提供服务,注意市场防御,但很少进行研究与开发,需要时常从企业外引进技术。执行探索型战略的企业以不断追求新产品和新市场为特征,这种企业十分关注新机遇,会不断地进行新产品试验,并冒险进入新市场,它们常常是市场变化的创造者和主导者,并以此迫使其竞争对手做出反应。执行分析型战略的企业特性介乎两者之间,它们常常既会如执行防御战略的企业那样,在一些稳定的市场领域内经营,也会如执行探索型战略的企业那样出现在一些新的变化的市场领域,它们常常不是市场变化的制造者,但能够比执行防御型战略的企业更快地跟上市场变化。然后,根据不同的战略对企业组织的不同要求,迈尔斯和斯诺为每一种企业战略设计了不同的人力资源管理实践组合。

同样，舒勒、杰克逊、麦加、鲍尔钦和卡迪以及贝蒂和施奈尔等也有类似的理论。他们或是借助于波特的一般竞争战略，或是根据自己的企业战略分类，给出了多个大同小异的人力资源管理与企业战略适配模型。这些理论不断地重复着同一个结论：不同的企业战略需要有不同的人力资源管理实践，人力资源管理作用的大小取决于其与企业战略的适配程度。

立足于企业战略与人力资源管理之间存在着相互作用、相互依存的关系，伦格尼克·霍尔等提出一个双向的适配模型。伦格尼克·霍尔等认为：首先，企业战略不是事先给定的，是综合多种因素影响的产物，其中包括人力资源及其管理。同样，人力资源管理实践也是综合多种因素影响的产物，也会受到企业战略的作用。因此，企业战略与人力资源管理是一种相互依赖的关系，既相互补充，又相互牵制。其次，尽管人力资源管理不是企业战略形成的唯一或主要的考虑因素，但人力资源管理对企业战略的形成会有直接的影响。因此，存在着企业战略向人力资源管理实践适配的可能。最后，从长期来看，在企业战略的形成和执行过程中，从相互作用角度考虑人力资源管理与企业战略关系的企业将比只是将人力资源管理看作是执行企业战略的工具的企业有更好的绩效。

总之，企业战略与人力资源管理间良好的适配将会为企业带来高绩效，但两者在实现良好适配的方法上存在着差异。显然，战略的人力资源管理理论暗含着"适配能带来绩效"的假设，这为探讨人力资源管理与企业绩效的关系提供了线索。然而，适配仍是一个黑箱，我们可以在黑箱的两端检验适配与绩效的相互关系，从而证明人力资源管理对企业绩效影响的存在，但要提示人力资源管理影响企业绩效的方式与过程，战略的人力资源管理理论的帮助将是有限的。

二、描述的人力资源管理理论

描述的人力资源管理理论的共同特点是通过描述提供人力资源管理的概念性框架，并对人力资源管理内容和可能结果进行广泛的分类。这一类理论强调开发系统，力图将人力资源管理引入更宽泛的研究领域，并表述一些相互关系。其能够对人力资源管理所包含的变量进行全面地把握，但无法揭示人力资源管理的本质。由拉特格斯大学的兰德尔·舒勒教授和南京大学赵曙明教授分别提出的两个模型则是描述的人力资源管理理论的两个代表。

舒勒认为，人力资源管理实践是由企业的内外部环境所决定的，并直接影响着企业目标的实现。有效的人力资源管理目标是与企业目标相一致的，是为企业目标服务的。在通过人力资源管理实践达成企业目标的过程中，不仅人力资源管理部门要扮演特定的角色，高层管理、直线经理和员工都要承担一定的责任。因此，舒勒的人力资源管理模型包括内部环境、外部环境、人力资源管理实践、责任者、人力资源管理的角色、直接目标、具体目标和终极目标。

赵曙明教授则把企业看作一个资源转换器，认为人力资源管理就是对人力资源在企业中转换过程的管理，包括如何选择和控制进入企业的人力资源，如何对进入企业的人力资源进行开发与利用，如何保留和更替进入企业的人力资源。由此，赵曙明教授提出了人力资源管理的"五才模式"。

总之，描述的人力资源管理理论是非规范的，仅限于一般水平上的说明，其在对人力资源管理领域的要素、关系等进行全面描述的同时，暗示着这些人力资源管理政策与实践对任何企业都是普遍适用和有益的。尽管描述的人力资源管理理论无法为我们提供检验人力资源管理与企业绩效关系的清晰的关注点，但是，它却像是一份人力资源管理的"地形图"，可以使我们在探索人力资源管理影响企业绩效的作用方式与过程的航程中不至于迷失方向。

三、规范的人力资源管理理论

这种理论或模型的主要特点是它们在方法上更为规范，常常建立在实证调查和统计分析的基础之上。由沃尔顿提出、阿瑟论证的控制与承诺模型和德莱瑞、多蒂提出的市场型与内部型模式便是规范的人力资源管理理论的范例。

阿瑟以分权化的决策制订、员工参与计划、一般培训、技术员的比率、每个管理者临近员工的数量、企业主赞助社会活动的数量、公平程序、工资、利益和奖金为研究变量，对美国30家小型钢铁厂的人力资源管理状况进行调查，并通过聚类分析，发现这30家小型钢铁厂的人力资源管理政策与实践最终可分为两种类型："控制模式"和"承诺模式"。阿瑟指出，尽管理论上我们有多种多样的人力资源管理模式，但实践中只存在两种选择：控制模式或承诺模式。而控制模式与承诺模式在人力资源管理政策和实践上截然不同。总的来说，人力资源管理的承诺模式注重将企业目标与员工个人目标相联系，以产生理想的员工行为和态度；而人力资源管理的控制模式目的在于减少直接劳动成本和强迫员工服从特定的规则和程序以提高效率。

此外，德莱瑞和多蒂也在克尔和斯洛克姆、奥斯特曼、索南费尔特和佩珀特等人的工作基础之上，提出两种不同的人力资源管理模式：市场型与内部型。其中，市场型的人力资源管理模式以从企业外部雇用人员、很少提供培训和基于结果的绩效评估为特征，企业对员工也常常按其个人绩效付酬。内部型的人力资源管理模式以存在内部劳动市场为特征，在这种模式下，企业注重培训，绩效评估主要针对员工行为，评估结果反馈的目的是改善与发展，提供较高程度的雇用保障，员工被视为有价值信息的源泉，但员工的工作被严格定义。

总之，规范的人力资源管理理论一般根据实证资料提出为数不多且相对简化的模型（如控制与承诺、市场与内部），这些模型不仅包含一些具体的人力资源管理实践，而且包含这些实践的目标。这不仅对我们有效地进行人力资源管理的测量具有相当大的帮助，而且为我们提供了一些有用的探索人力资源管理与企业绩效关系的中间变量，如员工承诺。然而，规范的人力资源管理理论又暗含这样的推论：单个的人力资源管理政策或实践与企业绩效的关系是不明确的，只有特定的人力资源管理政策与实践的组合才会对企业绩效产生积极的影响。因而，人力资源管理政策与实践越接近于规范模式的企业，就越具有较高的绩效。这给人力资源与企业绩效关系的研究指出了新的方向。

四、人力资源管理理论的发展

人力资源管理理论的发展分为以下几个阶段。

（一）雇佣管理阶段

人力资源管理的实践可追溯到十六世纪西方国家的工业发展早期。作坊式的工厂生产和家长式的管理体制在培训、工作分配等方面为人力资源管理积累了一些经验。

人力资源管理的雇佣管理阶段是从十九世纪后半期资本主义工厂制度建立到资本主义自由竞争阶段结束为止，经历了100多年的历史。之所以把这一阶段命名为雇佣管理阶段在于劳资双方的关系是以商品（劳动力）、货币（工资）交换关系为基础，这一阶段的主要特征如下。

管理观念上的"商品人"观念。第一次技术革命促进了资本主义经济的早期发展和大规模的资本密集的经济组织的出现，企业管理重视资金和技术而不重视人力的价值。在管理观念上，视人力如一般的商品，在管理者利润最大化的目标函数里，劳动力与其他生产要素一样，在取得时追求廉价，并充分利用，一旦用不着了，就会弃之如敝屣。劳动者受雇佣的主要目的在于糊口谋生，他们较少有与雇主讨价还价的资格和权利，所以劳资双方是典型对抗的主仆关系。

管理方式上是随心所欲、独断专行、非系统化的，企业的人事部门和规章制度都不存在。在绝大多数工厂里，最高管理者把所有人事管理权诸如招工、解雇、定薪、提职和分配工作等统统下放给负责车间或部门工作的工头。工头的任务是用最少的单位成本生产产品，他们凭自己的经验，采用高压驱动手段、无时无刻不紧盯着工人劳作。工人凭自己的经验操作，工人和管理人员的培养靠师傅带徒弟的方式。这种非系统化的管理方式常常带来管理者的随心所欲和独断专行。这种方式大大挫伤了工人的劳动积极性，工人磨洋工现象严重。

管理效果上因管理机制是非科学性的，引起工人和资本家之间的矛盾日益加深，严重影响了劳动生产率的提高。生产过程中的极度浪费和低效率与工人就业无保障、低工资和危险的工作环境成为劳资冲突的主要表现。但是当传统的管理方式还有效时，雇主们不大愿意主动寻求和采用新的管理方式。十九世纪英国空想社会主义者罗伯特·欧文是人事管理的先驱者，他的重视人的因素的管理思想与当时的生产力水平和生产关系状况不相适应，其改革劳资关系的实践也因这种空想性而失败。十九世纪末，资本主义经济进一步发展，生产技术越来越复杂，劳动分工更细，加上劳动市场上的周期性失业潮引起货币工资下调和工作条件的不断恶化，劳资冲突引起社会对立的加剧，改革雇佣关系的呼声就越来越高。

（二）人事管理阶段

人事管理阶段是从十九世纪末期到二十世纪三十年代为止的实践。这一阶段产生了人事管理学派，追求"事"与"人"的配合是这一阶段的显著特点。人事管理作为一个独立的管理职能进入企业活动的领域后，大量关于人事管理的论文发表在管理杂志上。人事管理阶段的主要特征如下。

管理观念上的"金钱人"观念。随着资本主义自由竞争向垄断发展，工业化带来专业化、劳动生产率的提高。被马克斯·韦伯称为"新教伦理"的资本主义精神，以及自由伦理、市场伦理等社会化环境因素共同作用于资本主义企业，产生了对"人"观念上的变革。"金钱人"人性假设代替了"商品人"人性假设。人事管理的倡导者和实践者认为员工所需要的是金钱物质的激励，要实现人与其工作完善地结合在一起。人事管理的功能只要重视员工物质福利即可达到激励员工的目标。

管理理论上诞生了人事管理学派这一阶段，为了解决"磨洋工"现象，泰勒分析了当时存在的实际情况，他认为劳资冲突产生于工作场所不当的组织方式和不当的生产与分配手段。他从工场开始研究如何利用机械方法，以提高人力体能运用的价值，并提出了一些调节劳资关系的理论。例如，标准化实现科学的劳动定额和标准化的工人培训；有差别的刺激性的计件工资制激励工人最大化工作；挑选"第一流工人"，工人的"选拔和培训"应遵循能级原则；消除劳资对立应进行"精神革命"等。同时代的法约尔在其管理十四条原则中也涉及了人事管理的原则，如公平、秩序、公正、稳定、首创精神和集体精神等。这些理论为现代企业人事管理奠定了理论基础。第二次世界大战期间以改善雇员的家庭和工作生活为目的的工业福利运动流行起来，科学管理运动与工业福利运动的融合产生了人事管理学派。

管理实践上有了专职人事部门承担人事管理职能。人事管理学派认为传统的雇佣管理是违反人性的，要解决劳资冲突就必须从工头手里拿走人事管理权，将其赋予专职的人事管理部门。在他们的倡导下，从那时起对劳动力的管理成为现代经营活动的重要一环，人事管理部门的职能在于开发一套通过雇佣记录和能力笔试进行选拔的正式程序以及承担福利代表的职责，人事管理学派对于招聘、选拔、培训、报酬、激励以及与雇主交流等方面研究的原理原则也运用到了人事管理实践中。人事管理阶段由于改变了雇佣的观念，促使衡量劳动量的各种定额和标准的出现，并提出了劳资双方的合作是双方利益之所在，调节了生产力和生产关系的矛盾,使劳动生产率大为提高。但是人事管理学派的根本缺陷在于:"经济人"假设忽视了雇员的社会和心理需要。泰勒制企图把人改造得适合工作,专精一道工序和一个动作,使工人丧失了创造性和技能,有人批评:"泰勒制只是把劳动的商品概念,换成了机器概念。"第二次世界大战后,工人进一步认识到泰勒制变成了雇主用于加快工作进度的剥削工具。二十世纪二十年代末、三十年代初资本主义世界经济萧条和特大经济危机冲击,进一步促使社会矛盾特别是劳资矛盾的激化。工人用更多的罢工和怠工等形式进行斗争,劳动生产率大幅度下降,这意味着人事管理理论开始失灵,客观上需要新的理论来指导实践。

(三)人力资源管理阶段

人力资源管理阶段是从二十世纪三十年代初到六十年代末的时间。这一阶段的显著特点是,把人力看作一种具有能动性、高增值性的特殊资源,工作的设计与划分,务必以加强人员技能为目的。这一阶段的主要特征如下。

管理观念上的"社会人"观念。二十年代,梅奥和他的同事们以霍桑实验结果否定了"经济人"假设,提出了人是"社会人"的概念。这种观念转换为最终抛弃压力驱动机制,并为采取积极的雇佣手段提供了理论依据。梅奥作为行为科学的早期代表人物,认为要缓解组织和个人冲突,管理人员必须摆脱先前的偏见,深刻理解人在组织中的社会、心理方面的影响,要知道影响生产效率的第一因素不是工作条件、休息时间和待遇的变化,而是工人的士气、工人之间的关系。

管理理论上人事管理学派发展为人力资源学派。从二十年代起,一些西方学者把社会学、心理学等学科引入管理研究领域,人事管理学派也极力主张将行为科学引入人事管理理论、从行为主义的观点出发去研究人事管理和各种问题。人事管理从社会学、心理学那里汲取了大部分科学营养,形成了激励理论、需要层次理论、团体行为理论和领导行为理论、组织发展与变革等诸多理论学派。第二次世界大战后，人事管理学派发展为人力资源学派。

人力资源管理方法有了新的突破。这一阶段，管理从以事为中心，追求"人"与"事"的配合，以完成目前工作或任务为目标转向以人为中心，以充分发挥人的才能和潜能来提高劳动生产率。工业心理学引入人力资源管理，在工作分析、测试，人员的甄选、考核、调配和工作分配等方面提供了科学的方法。这一时期工会组织开始发展壮大，工作场所的规章制度受到重视，仲裁作为劳资谈判的新内容成了促进工业正常发展的专门手段，人事管理部门越来越重视员工福利。人力资源管理阶段通过对人的本性和需要的重视，通过对职工满意度的提高来激励工人，在一定程度上调节了生产关系，缓和了劳资矛盾，调动了工人的积极性，促进了资本主义生产力的发展。但是，过分强调以人为中心，往往阻碍了对人、对事和对物的管理的有机结合。人力资源管理把重点放在雇主一方，不能从总体上把握企业人力资源管理，单一的原理和原则，不能与纷繁复杂的人事管理活动相适应，特别是六十年代以后，技术革命和产业结构的调整；生产社会化程度加深；产品生产期大大缩短；国际化市场竞争更加激烈；人们的教育程度普遍提高，要求参与管理与拥有管理自主权等。这些内外环境的剧烈变化，使企业转向更适应潮流的管理系统，使人力资源管理理论向更高阶段推进。

（四）人力资源发展阶段

人力资源发展阶段是从六十年代初到八十年代末的时间。这一阶段人力资源管理基本上实现了招聘录用、考核评估、报酬分配及人力资源开发管理四个部分的有机结合，从而实现了人力资源的系统化管理。这一阶段的主要特征如下。

管理观念上对人性假设具有多样性。例如，西蒙的"管理人"假设、洛希和莫尔斯的"复杂人"假设。西蒙在决策理论中阐述新的人性假设，他提出管理就是决策的新思想，并认为组织中不同层级的员工都在做决策，所以都是"管理人"。杰伊·洛希与约翰·莫尔斯合作发表的文章中提出，在企业人力资源管理领域发展并丰富了权变管理思想。他们认为人是抱着各种各样的愿望和需要加入企业组织的，人是"复杂人"，应按组织目标工作的性质、职工的素质等不同情况采取灵活的管理方式和方法。

人力资源管理理论呈多样化。一方面，人力资源管理理论更多地吸收社会科学和自然科学中有关学科的研究成果，并不断丰富完善其内容；另一方面，人力资源管理也从以往侧重于原理原则的探讨发展到经验实证研究。经验主义学派代表人物德鲁克提出的"目标管理"，是综合了以工作为中心和以人为中心的管理制度，其实质是尊重雇员的参与意识和自我管理能力，使其在工作中得到满足自我实现的需要。人力资源发展也是这一阶段理论的新发展。为了获得竞争优势，管理者必须将企业内每一个人的潜力充分发挥出来，使职工在工作上提高警觉，进行研究、创新和改进。

人力资源发展理论的研究成果广泛地在企业中实施。尤其是目标管理理论的"参与管理"至今仍被许多企业采用。六十年代，人员测评技术提出来后在企业中得到了迅速发展，企业人力资源开发手段也呈立体、多维化发展。除了继续采用培训、职位晋升等传统手段以外，还辅之以建设性的人力资源管理机制，在改善职业生涯方面采用工作丰富化、弹性工作的时间制、工人参与管理等精神激励手段，使员工感到工作更富挑战性，培养员工革新与创新精神，帮助员工适应变化的环境。

这一阶段人力资源管理侧重于甄选、人员测评、员工培训、健康和安全、发展人才库等方面。这一阶段实现了人力资源的系统化管理，人力资源管理理论也有了较为成熟的框架。八十年代以来，以信息技术为标志的当代生产力迅速发展，全球化、多元化经营使企业经营观念转向可持续发展，高科技、高素质的人才资源成为企业最重要最稀缺的资源。如何保证人才的短期及长期利益和事业的发展空间，以加强持久发展的团体意识，成为人力资源管理部门和人力资源管理学者关注的焦点。

（五）人才资源开发阶段

人力资源开发阶段是从七十年代末到现在。这一阶段的管理重视企业文化氛围，具体特征如下。

管理观念上"观念人"假设。企业文化理论认为，观念的同一性能创造团结协作气氛和集体主义精神，整体上增强企业竞争优势。企业要实现"生存第一，发展第一，稳健经营，永续发展"的可持续发展战略，首先要有人才资源开发战略，把人才优势作为赢得最佳竞争优势的战略。

管理实践中人才资源管理与开发已纳入企业战略管理之中。人力资源管理部门除了承担传统的招聘、培训、评估奖罚、报酬分配等一般职能外，还注重多形式培养引进人才，高素质的技术管理人才成为猎头公司追逐的目标。跨功能团队越来越多，使各级经理人员都参与人力资源管理，这使得在各级管理中进行人力资源技能的培训成为必要。跨国公司的发展对跨文化管理的经理人员的培训和发展提出更高要求，人才的价值体现在高报酬、完善的福利待遇上。

（六）人力资本运营论

人力资本运营论是人力资源管理理论发展的趋势。当前世界经济已进入"知识经济"、全球经济一体化的时代，企业生存和发展的环境正在发生巨大的变化。这一变化的重要标志是社会赖以发展的战略资源发生了根本性变化。在工业社会里，钢铁、汽车和机械等传统工业是资本密集型产业，其战略资源是物质资本。到了知识经济时代，微电子、生物工程、宇航工程、高新技术产业是知识密集型产业,其战略资源是人力资本。因此,在今天和未来,谁拥有大量的高质量的人力资本,谁就会在激烈竞争中占有优势。

早在二十世纪五十年代,美国经济学家舒尔茨就提出了"人力资本理论"。他指出:社会和个人投资在人力身上的花费如同投资在固定资产上一样,是能使社会和个人产生极高收入的形式,这显然是一种资本,应加强它对的投资。

人力资本运营论的"人力"具有双重性:一方面,它是企业的生产要素,即人力资源;另一方面,它又是资本,一种比物质资本贡献大得多的核心资本。企业对人力的管理将代之为人力资本的营运。

人力资本运营包括两个层面:一是企业把人力资本作为一种主要管理对象(生产要素)进行的经营管理活动,即人力资本经营,亦称人力资本管理;二是企业把人力资本作为主要交易对象进行的买卖活动,即人力资本的运作或运营。在前一层面上,人力资本经营所从事的主要工作,仍是过去人事管理,人力资源管理阶段的事务性工作,即在管理中主要处理工作中人的问题,以及人与企业的关系,如人员规划、员工招聘与遴选、员工工资与福利、员工考核与调配、职位升降、教育培训、劳资关系等。人力资本运营应要求企业按照可持续发展的要求制订出企业的人力资本经营计划,加大人力投资与开发的力度,采取各种手段促使人力资本在企业内外的寻优配置,发挥出人力资本最大的增值能力。后一层面的人力资本运营,已在当今体育人才市场上逐渐表现出来。

人力资本运营论的确立,要求企业在发展中,首先要充分调动每一位员工的积极性,发挥蕴藏在人力上的人力资本这一无形资产的巨大潜能,推进企业物质资本扩张。其次,要通过人力资本扩张,追求企业的价值增值。这里的人力资本扩张,是指企业通过增加人力资本数量,并转化为人力资产存量再用以推动企业总资产扩张的循环往复的过程。

人力资本运营论的提出使企业管理思想发生全新的革命,具有划时代的意义。它彻底改变了企业对人的认识，使传统的劳资雇佣关系发生变化，企业中所有人都将是资本所有者，都有权按其投入不仅能获得资本补偿，还能获得价值增值。对人力资本的投资应是企业、个人和政府共同的大事，这一投资都将获得其投资收益。这时人的主动性、创造性和潜能将得到极大地发挥，人将得到全面的发展，人性将以发展观、创造观为代表。我们应做好准备迎接这一时代的到来，使企业快速发展有一个科学的人才观。

第三节　高校人力资源管理的内容与意义

一、高校人力资源管理的目标

人力资源管理就是通过一系列的管理手段，最终达到组织发展目标的一种行为。人力资源管理目标是共性的，就学校而言，人力资源管理的目标主要包括以下几个方面。

（一）建立良性的人才储备和人才流动机制

丰厚的人才储备和优秀的人才引进可以为学校的发展提供人力支持。学校主要是一个"人—人"系统，学校的各项工作都要依赖教职员工去实施、去完成。因此，学校人力资源管理的首要目标是通过招聘、培训和考评等活动，寻找合适的工作人员，进行科学的人员配置，激发员工的工作热情，实现人事匹配，从而为学校的发展提供强有力的人力支持。

（二）建立新型的人事运作机制

在市场经济的大背景下，人事管理机制必须进行改革。学校人力资源管理必须探索以聘用制为基础的、能进能出的用人制度，建立客观、公正、全面、透明的评价制度，推行形式多样、自主灵活的分配机制，力求形成进出通畅、有序竞争、严格监管、有效激励、充满活力的人事运作格局，用科学的机制保证学校能够发现人才、留住人才以及用好人才。

（三）提高教职工的工作生活质量

学校人力资源管理并不仅要服务于学校的组织需求，也要服务于生活在学校中的每一名教职员工。学校要将教师作为发展对象，而不是发展的工具。教职员工每天有相当长的时间在学校里工作与生活，他们能否心情舒畅地开展工作，他们对工作环境的满意度如何，他们是否享受到了工作所带来的乐趣等，都是学校人力资源管理所要关注的问题。

二、高校人力资源管理的原则

（一）科学化原则

传统的学校人事管理是建立在经验基础之上的，各种管理制度与措施的出台主要是凭经验、靠感觉，始终徘徊在较低的管理水平上。学校人力资源管理充分吸收了心理学、组织行为学、系统工程、控制论等科学成果，对教职工的特点、群体的互动关系和团队形成的规律等有了更深刻的认识，管理者应当自觉地遵循科学原理、运用科学方法，提高人力资源管理的科学化水平。

（二）系统性原则

学校人力资源管理要树立整体观念，系统思考，不能孤立地强调某一个体或某一部分人的作用，应努力形成一个协作系统，发挥教师队伍的整体效应。管理者要注意把握动态平衡，通过必要的流动机制提高师资队伍的素质。在处理人力资源管理的各个环节时，应统筹安排，做好人力资源从吸纳、使用到培训、发展的有序衔接，保持各项政策、措施在价值取向上的一致性。

（三）教育性原则

教育性原则包含两层意思：①教育是学校人力资源管理的一项重要内容。国家教育政策的调整、课程结构的变革和现代教育技术的发展等，使作为教育者的教师本身必须接受教育，使自己的观念、知识和技能得到更新。②教育是学校人力资源管理的一种重要方法。教职工具有较高的文化素养，有着强烈的参与管理和民主议事的愿望，比较注重精神层面的需求。因此，在管理中不能一味地采用行政命令和经济刺激的办法，而要更多地运用引导、说服等教育方法。

（四）人性化原则

这是学校人力资源管理最重要的原则，遵循这一原则就是要做到尊重人的差异、激发人的潜能和实现人的价值。每一名教职工都是一个独特的个体，他们在个性特征、能力倾向等方面各不相同。管理者必须承认、理解、尊重和利用好这一特点，善于发现教职工身上的长处，把握每个人的需要，创造条件挖掘其潜力，帮助教职工找到最合适的工作岗位，使他们的能力得到最大限度的发挥，活出光彩。

三、高校人力资源的构成

（一）教学人员

高校人事管理是其内部管理体系的重要组成部分，并对整个管理体系起到基础性作用，因此具有十分重要的意义。

在高校教职工整体队伍中，教学人员具有重要的地位。高校教学人员是办学的主体力量，在教学、科研以及社会服务中起着极其重要的作用。因此，高校在人事管理工作中，要把教学人员管理作为重点，要通过各种办法和措施，来建设一支符合高校发展需要的高水平的师资队伍。从广义上讲，凡是将知识、技能传授给别人的人均可称为教师。从狭义上讲，教学人员即教师，教师指的是学校和其他教育机构的教师。高校教师的主要职责是教书育人，同时需要积极地参与科学研究，以教学为工作的中心任务。一般教学人员主要负责传授知识、培养学生技能和开发学生思维等，实现育人的目的。而科研也是高校人员的另一项重任，应针对教学的实际经验进行思维综合性分析和研究，因为科研是高校教学可持续发展的基础。

教学人员作为高校人力资源管理的一部分，其重要性可想而知。因此，其管理内容与人事管理的基本内容具有许多共同点。高校教学人员管理内容可分为师资的补充、引进与聘用、职评与聘任、培养与培训、考核与奖惩、工资与津贴、退休与社会保障等基本内容。

（二）管理人员

高校的根本任务是为国家培养大批人才，教学工作是学校的中心工作，但管理工作也是学校各项工作的一个非常重要的组成部分，对学校的各项工作包括教学工作都起到了决策、规划、组织、指挥、控制和协调作用。要提高高校的管理工作水平和教学质量，离不开高素质的管理人员。培养和造就一支思想素质好、业务能力强、与时俱进、开拓创新的高校管理队伍是高校主动适应这一战略要求，实现又好又快发展的重要内容。

良好的综合管理能力是成为一名合格的高校管理人员的关键。高校管理不同于其他管理，涉及高校的各个层面，是综合性高、原则性强、有章法、讲研究的系统工程。因此，要求高校管理部门要具备具有信息处理和管理创新能力的优秀管理者。

管理人员的各项能力来源于其敏锐的洞察力和丰富的知识，从而进行收集、归纳和整理信息，周密的思考和敏锐的观察，并且结合实际情况提出有效的解决措施。

（三）后勤人员

后勤人员，很多人也习惯将其称为后勤管理人员。但后勤人员与以上所论述的管理人员之间又存在着一定的差异，不能将后勤人员简单地概括到管理人员中。当然后勤工作与学校的管理工作也在一定程度上存在着交叉现象。在后勤人员的管理中，在新形势下，培养后勤人员的战斗力和提升其素质，对社会改革工作的有效进行，有着至关重要的作用。

有人将后勤工作的特点概括为"一多""二杂""三难"。这就不难看出后勤工作在高校的众多工作中也是一个比较复杂的工作。后勤人员在担任这些工作时，也是背负了很大的工作压力的。从后勤人员的职责方面来说，校内要高标准要求自己，影响学生的思想和行为，校外还涉及校园对外的经济业务，因此要求水平应更高。在现阶段新形势下，后勤人员所应具备的素质是多方面的，主要包括以下几个方面。

1. 较高的思想素质

对于后勤人员来说，思想素质是最关键的素质，也是做好工作的基础。

2. 较高的道德素质

这里的道德素质除了一般的品德外，更重要的一点就是职业道德。要有忠诚于人民的教育事业、本着为党为校为教学服务的热忱精神。高尚的职业道德，要求后勤人员能够依照职业规范履行岗位职责和约束自身行为，同时提高服务质量，并且具有强烈的责任感和事业心，能够端正工作态度，保证为师生提供最优质的服务。后勤人员接触高校里的各类人员，有管理者、教师及学生等，后勤人员的道德修养会影响校园人员的生活和工作，特别是学生。后勤管理可以说是一种隐性教育。

3.良好的心理素质

从综合的角度来看，后勤人员的心理素质始终是重要的组成部分。后勤人员的心态好坏决定着后勤工作能否顺利开展。后勤工作的琐碎性和应急性很强，因此后勤人员只有保持良好的工作心态和持续的工作热情，才能在事情发生时做好准备，保证后勤工作的顺利开展。

4.一定的文化素质

一般来说，文化素质包括的范围很广。对于后勤人员来说，熟悉高校的后勤流程和高校后勤的革新制度是必需的。只有对本职工作的前后事件熟悉，才能触类旁通地吸取其他方面的信息，这样才能更好地完成后勤工作。

四、高校人力资源管理的内容

（一）工作分析

学校是一个比较大的人力资源分布系统，在这个系统中，仅教育岗位就包括许多种，这些岗位有着不同的任务与职责，对人员有着不同的素质要求。工作分析就是要对学校的各个职务进行描述，明确职责、工作环境和任职资格。而工作分析所形成的文本——工作说明书，是学校选人用人的主要依据之一。

（二）人力资源规划

教职工的正常退休、非正常离职和生源变化等情况，会影响学校人力资源的数量；教育改革、技术进步等因素，又会影响学校对人力资源的质量要求。可见，学校的人力资源是处在波动状态的。人力资源规划就是要对学校未来一段时间内的人力资源的情况进行科学的预测，帮助管理者做出科学的政策安排，从而保证人力资源供求状况的动态平衡。

（三）人力资源获取

一个组织要得到生存和发展，必须适时拥有适当数量、种类和质量的人员，这就需要按照学校发展规划，招聘、选拔所需人员。学校管理者通过内部告示、报纸、广告、网络等渠道发布职位空缺的信息，吸引校内外人员前来应聘。校方可以采用面试、实际操作和心理测试等方式对应征者进行甄选，从中挑选出合适的人员。对于选拔出来的人员，学校应及时发放录用通知书，与之签订有关合同，完成录用手续。

（四）学校人力资源使用

要使教职工安心在学校里工作，减少不正常的离职现象，并且提高学校人力资源的使用效率，就必须做好人员的合理安置和积极性的有效激发。人力资源在使用中要做到人岗匹配。因为，每一名教职工都有自身的特点，学校管理者要有一双识人的慧眼，善于发现每个人的长处，将他安排到相应的工作岗位上。让每一个岗位都有合适的人员，让每一位教职工都能获得合适的岗位，这样才能使员工心情愉悦地工作，从而提高工作效率，达到管理的目的。

（五）学校人力资源发展

人力资源发展也就是人力资源开发。为了实现组织目标，发挥人的潜力，提高工作效率，就要加强对人力资源的开发。近年来，教师专业发展已经成为教育界的大热点，而从学校人力资源管理的角度看，就是要抓好教职工的培训和职业生涯管理两大方面的工作。

培训主要是按照组织要求，对教师的知识、技术和道德等方面进行一系列教育和实践活动。为了提高培训的针对性、灵活性，近年来校本培训逐步兴起。学校可以根据自身的特点和教师的实际情况，设计培训方案实施培训活动，使培训更好地服务于教师个人的成长，更好地促进学校教育教学质量的改善。

职业生涯管理关注的是教职工职业生涯的全过程，它强调帮助员工制订个人发展计划，使个人的发展与组织的发展相协调，满足个人成长的需要，实现组织的发展目标。在个人职业生涯的不同阶段，学校管理者要针对特定阶段的特点和需求，为教职工安排、调整乃至设计合适的工作，以期能够最大限度地发挥教职工个人的才能，使教职工幸福地度过自己的职业生涯。

（六）学校人力资源评价

学校人力资源评价包含的内容相当广泛，如素质测评、士气调查和绩效评价等。其中，最重要的是绩效评价。

学校管理者应当建立科学的绩效评价系统，采用科学的手段收集、分析和评判教职工的工作态度、行为和工作结果方面的信息，以确定其工作实绩，并将绩效评价结果反馈给教职工本人。通过科学合理的绩效评价，可以帮助教职工认清自己的优缺点，并针对教职工的实际需要制订培训方案和职业生涯发展计划，改进其未来工作行为。同时，绩效评价结果也可以为学校制订报酬方案和奖惩制度以及职称评定、职务升迁提供依据。

（七）学校人力资源调整

学校人力资源调整，包括人员调配系统、晋升系统及各项有关制度的调整等。从调整的方向来看，有人是向上调整，有人会往下调整；有人自内向外调整，有人由外往内调整。对于某些个体而言，调整是残酷的，但对于学校组织而言，调整又是必需的。通过调整，学校能够顺利地完成新老交替，可以实现人力资源的优化配置，有助于激发教职员工的积极性，并保持学校的活力。

应当注意的是，学校人力资源管理职能体系的各个部分是相互联系、相互影响的，从而构成一个有机的整体。系统中任何一部分的变化，都会引起其他部分的反应。例如,教育改革使教师的工作发生了重大变化,这就迫使学校对自身用人政策做出必要的调整。在吸纳新员工时,必须考察其教育理念、课程开发能力和现代化技术手段运用水平等,以便能够找到符合改革要求的师资。对于原有的教师,学校要加大培训力度,帮助他们改变传统的教学观念和行为。认识到职能体系的这种关联性,有助于学校管理者全面、系统地分析和处理人事问题,避免仅仅把目光局限在特定的问题上。

五、高校人力资源管理的意义

从人事管理转向人力资源管理,是一种历史的跨越。人力资源强调将人力作为一种资源来使用和开发。人是最重要的因素,在管理中,不仅要重视组织的存在与发展,更要关心组织中的人,特别是要关心人的需要与情感。而人事管理则仅仅是把人当作成本来使用。把人力资源管理提到战略性高度,人力资源管理职能直接融入组织的战略形成和战略执行过程中。人力资源管理从组织和个人"双赢"的角度,从发展的高度来思考人员管理问题,克服了传统人事管理只重视人的现状,不重视人的开发和发展的弊端。在学校规模、结构不断发展和变化的时代背景下,学校借鉴人力资源管理的原理与方法不仅具有必要性,而且具有紧迫性。

(一)深化事业单位改革的必然要求

随着我国社会主义市场经济体制的建立和完善,传统的学校人事管理制度已无法适应市场经济发展的需要。近年来,国家和省级政府出台了多个文件,提出要打破事业单位用人的终身制,建立起以聘用制为基础的用人制度,建立起能上能下、能进能出、有效激励、严格监督、竞争择优、充满活力的用人机制。科学合理地设置岗位,在选拔中引入竞争机制,建立公开招聘制度。建立形式多样、自主灵活的分配激励机制，创造尊重知识，尊重人才，有利于优秀人才脱颖而出、健康成长的社会环境，实现人才资源的整体开发与合理配置。

（二）促进高校持续健康发展的迫切需要

加强教师队伍建设，必须改革学校人事管理制度。经过长期的努力，虽然从总量上看，教师队伍已基本适应教育事业发展的需求，但就整体素质和质量水平而言，还不能适应实施素质教育及教育现代化的要求。教师的教育观念、知识结构、教学方法、教学能力亟待提高，教师队伍的结构性矛盾比较突出。公开、平等、竞争、择优和合理流动的用人机制尚未建立。这些因素都制约着教育自身的健康发展，限制了教育发展的后劲。

（三）提高高校办学水平的关键所在

学校的办学水平受制于多种因素，如办学经费、教育设施、生源基础、社区环境等，但其中最为关键的因素是师资力量。高绩效的办学水平总是和高质量的师资队伍紧密相连的，正所谓"名校出名师，名师出名校"。尤其是在学校之间竞争日益加剧的时代背景下，要走"以质量求生存、靠特色求发展"的办学兴校之路，必须仰仗一支高素质的教师队伍。

然而，高素质的教师队伍不会自发形成，它需要管理者有敏锐的眼光，善于发现教师身上蕴含的潜力；需要管理者有聪明的头脑，懂得人才的合理结构，使教师队伍得到优化配置；需要管理者有长远的考虑，为教师提供学习与提高的机会，使教师能够可持续地发展；需要管理者有公平的思想意识，客观地评判教师的工作表现和实际业绩；需要管理者有不凡的勇气，构建"人员能进能出，职务能上能下，待遇能高能低"的竞争激励机制。总之，合理的学校人力资源管理能够为教师提供一方成长的沃土，使学校办学水平的提高具有坚实的基础。

(四)有助于形成科学合理的绩效考评机制

绩效考评既是教师管理的重要形式,也是激励教师的重要手段,还是教师职务聘任的基本条件。加强高校人力资源管理,高校就可以建立一套科学严格的针对不同人员的考核体系,以减少管理的随意性,提高抗干扰力,真正使考核公正公平。

(五)有助于建立完善的人才引进机制和人才培养机制

人力资本是积累与增长的结果,需要通过对人力资源进行培训才能形成。高校人才的来源有两种途径:一种是高校自身培养,以便开发和合理利用,这是许多高校在发展初期的主要人才来源;另一种是引进人才,高校在发展过程中也应重视人才引进,尤其是高校发展到一定阶段,更应重视人才引进,以便形成更加良好的人才结构。高校在人力资源管理时都必须注意人才的两种来源,以便使高校永远有优质的人才资源。为此,高校应加强人力资源规划,以便有计划地将人力资源转化成人才资源。

(六)有助于建立全员聘用和有效激励的管理机制

高校人力资源管理的一项重要任务就是通过激励机制,吸引、开发和储备人才,激发高校教师的工作热情、想象力和创造力。通过建立相应的奖惩制度、晋升制度及福利补贴制度等来激发调动高校教师的积极性和主动性,并激发其内在动力。

21世纪的高等教育面临着前所未有的挑战,我们必须意识到高等院校的人力资源是学校管理的第一资源,应该把人力资源管理提高到战略地位,这样才会在竞争中立于不败之地。高校人力资源管理是随着管理理论等的出现、发展而兴起的一个新领域,所以,高校要从以前传统的注重人事管理向现代的注重人力资源管理转变,可能需要一段时间,但是,高校必须重视人力资源管理是大势所趋。我们必须高度重视人力资源管理的重要性，只有这样才能解决目前高校人事管理中存在的问题，激励教职工的积极性和创造性，增强高校的办学活力、提高办学效益，最终达到提升高校竞争力的目的。

第二章 人力资源管理模式

第一节 人力资源管理模式的相关概念

在进行人力资源管理模式分析之前,有必要先对人力资源管理模式研究中出现的有关术语给予统一的约定。这些基本术语主要包含在人力资源管理含义、基本要素、分类方式以及表达方式之中。

人力资源管理对企业的经营业绩和竞争优势的贡献究竟在哪里?如何去证明?为了回答这些问题,我们就必须去寻找一种理论或模式来揭示这一过程,来证明人力资源管理的确为企业提供了自己的独特的"产品"。如大家都认为,成功的人力资源管理活动可以吸引、开发和留住优秀的员工,而这些员工通过提供优质的产品和服务、高效率的工作、对市场需求的敏捷反应,创造出了别具一格的产品与商业运作的模式,从而使企业获得长期的竞争优势和不断增长的利润。那么,这一有效性到底是如何演绎的?据此,我们引入了模式这一实证性很强的概念。

一、人力资源管理模式的定义

表述一个完整的人力资源管理模式问题至少需要涉及三方面的概念,即人力资源、人力资源管理以及模式。

所谓"人力资源",是指"能够推动整个经济和社会发展的具有智力劳动和体力劳动的能力的人们的总称,它包括数量和质量两个指标。"这一概念给我们这样的启示,即人力资源不同于自然资源,它是各种生产要素中最积极、最活跃的能动要素,是经济增长的最重要的经济资源。"人力资源管理指对全社会(或一个部门)的各个阶层、各个类型的从业人员的从招工、录取、培训、使用、周转、升迁、调动直至退休的全过程的管理"。对于"模式"的解释而言,一直没有一个可以为大多数人接受的概念。《现代汉语词典》对模式的解释即某种事物的标准形式或使人可以照着做的标准样式。根据《辞海》,"模"是指制造器物的模型;"式"是指式样、格式的意思。事实上,"转型"在一定意义上讲就是探讨、评价、实验、选择不同的管理模式。因此,模式在特定时期又被赋予特殊的含义。而在不同的文献中,模式的定义多种多样,一些学者认为:"模式通常是指事物的某种抽象与概括,是客观事物脱离了具体内容的某些属性(或规定性、特征)的表述。"还有的学者是这么定义的:"无论是在宏观经济领域还是在微观经济领域,人们习惯将任何一种,无论是在何种层次上,处于何种情况,在何种理论指导下,宏观经济或微观经济的整体或一部分的运行方式、过程或结构都称为一种模式。"

人力资源管理模式(HRMM)这一概念从字面上看,是由人力资源管理和模式两个词有机结合而得的。但事实上并没有看起来的那么简单。

由于人力资源管理模式研究在国内目前还比较少,理论界对于它的内涵尚未有较为明确的界定。人力资源管理模式的概念起源于雷盟德·迈勒斯的一篇论文,他在文章中指出:"大多数经理在对下属的管理中倾向于使用人事关系的管理模式,而且还倾向于要求他们的主管使用一定的人力资源模式来对他们进行管理。"因为人力资源管理模式是建立在企业基础管理的平台之上,也属于管理的范畴,所以我们不妨先从管理模式的概念入手,来探讨人力资源管理模式的定义。按照管理模式的定义，一种看法是"管理模式是管理活动主体思维方式的具体化，是按照人的思维模式建构的人为事物"。还有一种看法是"企业管理模式是企业的管理方式，即企业总体资源或部分资源有效配置与实施的范式"。前两种的表述事实上是相近的。

根据以上的论述，我们可以把人力资源管理模式分为两个层次：首先，它是反映人力资源管理及其运行明显特征的管理形式；其次，它是可以使人仿效的标准管理样式。那么，所谓人力资源管理模式，就是管理活动的主体——人，对人力资源管理及其运行明显特征的抽象与概括，是能够对人力资源进行有效配置的管理模式。事实上，它建立了一个信息库框架和人们用以观察世界的原则集，并将原则集融汇在整个企业之中，它将很多功能贯穿于整个价值链。概括地说，它包含两方面的含义。

模式来自客观存在的、具体的管理，是它们所具有的属性的抽象与概括（这里把被抽象与概括的具体管理称之为原型）。而模式最后可以脱离其原型被确认、被应用、被创造。

模式是原型某方面属性的具体表述。由于人的认识所限，对无限纷杂的世界的认识不可能穷尽，多数情况下，模式只能对某些属性进行描述。

由此可见，模式的形成取决于两方面：一方面是管理活动的客体，即管理活动主体在管理活动中反映、认识客体对象所显露出的广度和深度；另一方面，也取决于管理主体自身的诸多素质，相对稳定的、定型化的思维模式，即管理客体所显露出的广度和深度方面的信息，在主体思维结构中的加工、处理、转换的方式。

二、人力资源管理模式的内涵

模式好比一个社会的游戏规则，因此成为塑造企业与经济组织的诱因架构。

这种模式包括了正式规则（规章制度、各种规定）与非正式的规则（惯例、行事准则、行为规范），同时也包括了完成或履行上述正式与非正式规则所对应的方法。根据上述人力资源管理模式的定义，人力资源管理模式主要包括三个方面的要素。

（一）诱因集合

诱因就是用于调动员工积极性的各种资源，如经济性诱因、企业的认可、企业提供的个人锻炼和发展机会等，都可成为很有吸引力的诱因。而对诱因的提取，必须建立在对员工个人需求进行调查、分析和预测的基础上，然后再根据组织所拥有资源的实际情况设计各种形式。

（二）信息集合

根据人力资源管理模式的内涵，信息贯穿于模式运行的始终，特别是企业在构造各种诱因集合时，必须充分进行信息沟通，才能对员工个人真实需求有充分了解，从而将个人需求与诱因联系起来。

（三）行为归核化

这里的归核化概念是组织对其员工所期望的努力方向、行为方式和应遵循的价值观等方面的规定。在组织中，由诱导因素诱发的个体行为可能会朝向各个不同的方向，即不一定都是指向组织目标的。同时，个人的价值观也会表现出与组织价值观的不一致，这就要求组织在员工中间培养主导或核心价值观，如强调全局观念、长远观念和集体观念等。当然，这种归核，不仅是对员工观念、价值观的归核，它同样对员工的人生观、工作态度、行为方式、工作关系、特定的工作技能等方面的归核，从而使他们融入符合组织目标的风格和习惯之中。诚然，要达到归核化的目的，还必须用各种手段、方法，以及制度加以约束和规范。事实上，人力资源管理的过程也是员工行为的归核化过程。

三、人力资源管理模式的分类方式

我们对人力资源管理模式进行分类，其目的就是让企业明白：模式的选择并不是唯一的，它强调的是多样性和变化性。由于人力资源管理本身的含义伸缩性较大，造成人力资源管理模式从不同的角度有不同的分类方式。

（一）从模式的方式方法来看

按照利格的说法，人力资源管理模式可以分为软性的人力资源管理模式和硬性人力资源管理模式。软性人力资源管理模式主张通过改善领导模式来提高雇员的忠诚度和绩效水平，如何激励下属和什么是最佳管理人员的方式等均属这个范畴；硬性人力资源管理模式则强调用理性的方式，即采用明确的手段和明确的方法，对劳动者绩效进行管理，它强调管理中的战略性和定量特征。但两者之间并无难易之分，这些方法在解决问题和决策过程中都可使用。

（二）从模式的层次来看

人力资源管理模式又可分为总体的人力资源管理模式和局部的、具体的人力资源管理模式。总体的人力资源管理模式，顾名思义就是从总体或整体上全面、综合地反映人力资源管理的本质特征或显著特征，从而形成一种整体意义上的人力资源管理模式。与此同时，总体管理模式也会采用与之相对应的方式方法，如目前人力资源管理模式中常见的市场配置方法，以软管理为主、硬管理为辅的柔性管理方法等。

而局部的、具体的人力资源管理模式，则是某一人力资源管理领域中具有独特管理方式和运行机制的管理模式。如在实践工作中经常出现的计件工资就是薪酬管理模式的方式方法。

（三）从模式所起的作用来看

人力资源管理模式可分为传统、保守型和激进型。传统、保守型是以提高运行效率、降低成本为目的，多采用稳健的管理方法；而激进型则通过企业重组、过程再造等较为激烈的管理方法获取更大的竞争优势。

（四）从模式的主体来看

人力资源管理模式又可分为多元性和一元性。欧美等国家的人力资源管理模式是基于无工会的假设，其模式的主体——管理者和被管理者所追求的目标是共同的。它是将工会看成是威胁组织生存的组织，从而将其排除在模式的考虑范畴之外；而多元性则是包括了工会等若干因素在内的管理模式，并寻求一种介于管理者和被管理者，或包括其他利益相关者之间的合作关系。

（五）从模式的功能来划分

美国学者弥库维克和布尔德研究了美国人力资源管理的发展历史，认为在不同的发展阶段，人力资源管理的功能模式有很大的区别，主要有四种人力资源管理功能模式（分别代表了人力资源管理发展的四个阶段）：一是产业（工业）模式（二十世纪六十年代以前），以建立工作规则、职业晋升阶梯和职业生涯设计、以资历为基础的报酬体系、劳工关系、绩效评估等为核心；二是投资模式（二十世纪六七十年代），以人力资源的培训和开发，包括给员工更多的自主权、工作丰富化、终身雇佣、培训和长期薪酬等为重点；三是参与模式（二十世纪八十年代），强调团队合作、相互信任、建立共同目标、职工对组织的承诺与认同等，职工参与管理成为人力资源管理的主要手段；四是高灵活性模式（二十世纪九十年代），是为了适应现代科学技术的发展，特别是信息技术和计算机技术的发展与广泛应用而产生的，借助于"外脑"、聘请顾问、人事代理（人力资源管理外包）、灵活的雇佣方式和工作时间、多样的报酬与福利方案、权变的组织结构和权力分配等成为人力资源管理的主要方式。

需要指出的是，第一种分类难以判断何为软性，何为硬性；第二种分类则较为直观，一般情况下，我们在实际工作中更多的是采纳这一种分类；第三种分类在现实社会中也较为常见；而第四种分类则由于国家性质不同，工会或其他利益相关者在企业中的地位和作用也不同，从而造成模式的主体上的差异性。

四、人力资源管理模式的作用

人力资源管理模式应用的目的，就是组织为了实现其目标，根据其成员的需要，制定适当的行为规范，以实现人力资源的最优配置，达到组织利益和个人利益的一致。

从人力资源管理模式的定义、内涵中可以看出，人力资源管理模式是以人本理论为基础、以人为中心的管理活动，这决定了它追求管理活动人性化的特点；而从人力资源管理模式的作用来看，它又强调对人行为的约束。所以，人力资源管理模式一旦形成，它就会指导员工的行为，在形成相对稳定的形式后，它就会作用于组织系统本身，使组织系统机能处于一定的状态，进而影响组织的生存和发展。该模式对组织的作用具有两种性质：正效应和负效应。

（一）正效应作用

正效应是指对员工的期望行为具有反复强化、不断增强的作用，这种作用有助于组织的发展和壮大。

（二）负效应作用

负效应表现为对员工的积极性起到抑制作用，或者说弱化员工的积极性。这里我们将以麦格雷戈的 X 理论和 Y 理论来解释人力资源管理模式的正、负效应现象。事实上，目前企业对员工的管理行为，多数都是建立在管理者所使用的那些有关人性假设的基础上的。

X理论认为员工是懒惰、不思进取、不能承担责任的，必须对其继续控制或惩罚。按照这一理论来管理员工强调的是管束和强制，这势必影响员工的士气，容易造成生产效率的低下，表现出负效应来；与此相反，Y理论则认为员工能对工作做出承诺，并能自我引导和自我控制，能够学会接受或寻求责任，具有自主能力。在企业管理中，如果以此理论对待员工，是完全能够调动员工的主观能动性，充分挖掘他们的潜力，从而形成民主、参与、开放的氛围的。Y理论中的正效应实际上传达了管理者对员工的信任度和期望值。

所以，在对X理论和Y理论的比较分析过程中，可以看到，只要创造适当的人力资源管理模式，员工都愿意献身，这样组织目标和个人目标是完全可以一致起来的。现在的管理，由于对人的本性的认识不一，远未能使员工的潜在能力充分发挥出来。所以妨碍员工积极性发挥的主要原因，不在员工方面而在管理者方面。为此，管理者应当进行自我反思，从人性的角度更好地调动他们的积极性。

第二节　人力资源管理模式的发展研究

近一个世纪，企业经营的发展历经了从生产导向到市场导向的演变过程，目前正在进入人力资源导向时代。知识化、网络化、经济全球化已将人力资源管理模式推向高速发展的轨道。

一、人力资源管理模式的创新

（一）理论创新

企业人力资源管理尽管可以独立于企业管理，构成一个特定的研究领域，就学科的性质和对象而言，人力资源管理仍然属于企业管理的大范畴。因此，管理理论的创新是人力资源管理模式创新研究的重要理论前提。也就是说，现代管理理论，尤其是企业管理理论的创新为人力资源管理模式提供了新的研究课题和研究领域，实践中成功的案例同时也为理论创新提供了更广阔的试验田。

1. 行为科学和心理学研究成果的不断渗透

常见的关于人的需要满足与激励之间的关系研究证明，在人的大量需求中，金钱只能满足某些方面，而不是全部需求，成就、权利或者自我实现属于员工的精神需求，它们对激励人的行为有很重要的作用，却不能通过物质刺激来得到满足。由于需求的分化，统一的大市场已日益多元化，转而变成很小的细分市场：以满足顾客的个性化需求为前提。随着细分市场规模越来越小且不断变化，只有以更快的速度满足越来越多员工的个性化需求，才能不断地取得成功。对此，现代管理注意将培养雇员的忠诚和赋权作为重要的手段之一，让雇员感到自己是企业的拥有者，将从自身利益出发去关心企业的效益与发展。伴随着这一变化，许多新的管理方式、方法也不断涌现。

2. 长期的员工激励计划日益受到关注

长期激励是指企业通过一些政策和措施引导员工在一个比较长的时期内自觉地关心企业的利益，而不是只关心一时一事。它是相对短期激励计划而言的，在发达国家目前比较盛行的长期激励方式有：员工股票选择计划、资本积累项目、股票增值权、限定股计划、虚拟股票计划和股票转让价格等。长期激励计划的执行对象主要有两类：一是企业高层管理人员，因为对经营者的激励和行为管束更有助于企业的长期发展；二是一些高科技企业，为了防止员工一旦有了新的发明创造之后，脱离原有的企业，对科技人员实施长期激励计划，其常用的做法是向有发明成果的科技人员转赠企业股权，对新技术带来的利益进行永久性分成。

3. 跨文化管理成为创新热点

企业经营的国际化带来的直接课题是跨国公司如何对具有不同文化背景、不同价值观的员工进行管理。全球文化的差异性，对跨国公司的人力资源管理提出了挑战，最为明显的例子就是如何对其海外公司的员工进行付酬，是与公司总部所在国的员工工资相似，还是与本国的工资水平挂钩；还有，不同文化之间的冲突如何协调等，这些问题对于跨国经营的企业是无法避免的。

4. 能本管理

随着组织模式的发展变化，越来越强调团队作用，强调"人的开发"。以往的人力资源管理，从招聘到薪资管理；从晋升到人员开发，都是以职位为基础的。发达国家从二十世纪九十年代以来就有理论认为人力资源管理的基础已经由以职位为基础转变成了以技能为基础。与这种潮流相呼应的是：用员工本身所拥有的与工作相关的技能或者知识水平来衡量他们的劳动，这也适应了知识经济的本质与特性的要求。以技能为基础的管理对企业实践提出了许多新的要求，例如，要明确企业真正所需要的技能、如何进行严格的技能鉴定、如何去设定合理的工资标准，以及提供必要的培训和相应的管理程序等。总之，通过这一创新，达到了以下目的。

（1）加快企业不断地转变发展战略，改变人力资源管理模式，加大员工对企业的认同感，以及对自身的责任感。加大员工的自由度，尽可能地调动雇员的积极性和工作潜力。

（2）适应知识经济的需要，激励员工更加努力地学习新知识、新技能。

既适应了组织和员工多样化的需求，又为新的企业发展战略和激励机制的生成提供了可靠的保证。

（二）创新方式

由于客户需求正在变化和分化，产品和企业的生命周期变得越来越短，这些因素以及其他引起市场变动的因素不仅自身在变化，而且变化的速度在不断加快。当旧模式通过稳定和控制已无法达到高效率时，只有通过新技术和新管理方法的应用来实现模式的灵活性和快速响应。如果企业不想采取下策——放任自流，而是希望继续生存下去，那么就必须对这种状态采取相应的措施。正确的战略响应是进入企业竞争的新前沿，采取新的运作模式。

1. 循序渐进

人力资源管理模式的循序渐进转变主要适合这样一些企业：市场扰动虽然增加，但增加的幅度相对还比较缓慢，企业采用原来的模式在某种程度上仍然有效。这样的环境背景给了企业逐渐转变的时间。虽然竞争优势没有明显提高，但也不会产生大的破坏性和大的潜在下降的趋势。

企业内部的个别群体（非整个企业）伴随着业务和规模的不断变化，有时也会对局部模式和总体模式中的个别环节和个别功能进行调整，并且随着调整所获得的成功，逐步影响到整个企业，从而得到高层领导对整个模式改造的支持。具体说来，就是先试点，取得成功后，再推广，这是实践工作中常用的方式。

循序渐进方式成功的关键就是要集中精力干一件或者几件事情，并建立一个能将各项活动连接到一起的进展计划，形成新的模式核心和运作方式。让其他部门和员工看到所取得的成功，当然，最后还必须说服高层管理者去接受和支持新模式，以利于工作的全面开展。

但必须说明的是，循序渐进的改进方式力度相对较小，时间也会拖得较长。

2. 功能改造

当企业面临着急剧增加的市场扰动或者其竞争对手已经进行重组和改变时，它必须采取快速转变，摆脱旧的模式，增强整个企业的灵敏性和反应能力。这种情形就必须在高层管理者的积极推动下，在相对短的时间内，实现模式的彻底转变。当企业试图迅速改造某一功能时，往往会彻底打破整个系统的正常运作，因此，有了高层管理者的大力支持，功能改造才会顺利实施。

它与前面的情况不同的是，改革是从上至下进行的，而循序渐进则从点到面、从下至上。但无论采取哪种方式，变革都只有在高层管理者充分认识和坚定支持下才能顺利完成。对于那些市场扰动激增或者竞争对手在有效的竞争下进行重组的企业来说，快速转变不仅是最适合的而且是势在必行的。当变革是企业的必由之路时，尽管阵痛是痛苦，但长痛不如短痛，那么快速变革将成为首选方式。

3. 创建新功能

市场扰动日益增加迫使许多企业在相当短的时间内对自身进行改造。信息和通信技术提供的机会使成百上千种以技术为基础的新业务、新功能涌现出来。如网上招聘和网上培训，这些新功能一般是以新的信息技术和通信技术为基础的，以降低人力资源管理模式的运作成本为目的。这些都坚稳地根植于人力资源管理模式的最新前沿之中。

（三）企业人力资源管理模式的发展趋势

二十世纪九十年代以来，西方各国企业进行了一系列改革，其中人力资源方面的改革无疑是最重要、进展最快的，且最具实效性。在二十世纪九十年代初，西方大部分企业的人力资源管理水平，可以说还处于一个较低的发展阶段，然而到了九十年代下半期，西方企业人力资源管理发展的状况大为改观，并有了巨大的突破，这同样显示了在企业人力资源管理模式的发展过程中，归纳起来主要表现在以下几个方面：

1. 以企业发展战略为导向的人力资源管理模式

人力资源战略管理就是将人力资源管理同企业的发展战略结合起来。也即将人力资源管理上升到企业发展战略的高度，并在企业的战略管理中得到有效的实施。人力资源战略管理模式就是，针对实现企业发展和商业战略相关的人的一系列问题，从而预测未来所需的人力资源政策和策略的变化类型。人力资源战略管理实际上并没有许多学者定义的那么复杂，人力资源管理实践部门的人对此的理解要直接得多。他们认为，人力资源战略管理就是让企业的商业战略得到更有效的实施。不过，应该说人力资源战略管理是比较复杂的，它包括了诸如此类政策、文化、价值和实践等许多内容。欧洲企业管理界称为"KISS"原则，即要对人力资源管理模式进行战略性的定位，实现模式内部各要素之间的整合，同时使整个模式保持有效的灵活性和战略性。

值得注意的是，在不断变化的情况下，企业可以根据现行的人力资源管理实践寻找适合企业战略需要的人力资源管理战略。

2. 以呈立体化、多维化发展的人力资源技能为主的人力资源管理模式

在竞争激烈的当今世界里，一些公司中传统的以岗位为基础的人力资源管理逐渐不能适应某些新的环境要求。特别是一些职位或岗位所需要的技能和知识并不只是完成传统单一工作那么简单，它需要员工不断转化角色来丰富其技能，特别是对学习能力、创新能力的要求日益凸显，这就需要打破原来的以职位或岗位为基础来进行人力资源管理的传统模式。这种现象导致了西方企业管理组织结构的发展以及企业员工价值观念的转变，如越来越多的高级管理人员已不再将职位晋升当作事业发展的唯一标准，转而不断追求人力资本的积累、人力资源的开发和追求工作的挑战性。

3. 运用虚拟策略的人力资源管理模式

虚拟技术是计算机技术中常用的术语，它是指通过借用外部共同的信息网络和各种通道，以提高信息数据存储和存取率的一种方法。把其引入到企业人力资源管理中，就是指借用外部力量，整合外部资源的一种策略。它是一种超常规的管理方法，它追求的重要目标在于突破企业有形的界限，弱化具体的组织结构形式，达到全方位借用外力的效果。如企业人力资源配置的虚拟化，可以使人力资源配置的范围从内部伸展到外部，使各种优势相互联合，从而促进了企业间的协作发展。西方各国企业采用了面向整个欧洲的管理人员选拔、任用机制，通过"借智"以促进发展，就是虚拟配置的具体体现。

4. 人力资源法律体系

人力资源管理模式的运转与许多相关因素存在着千丝万缕的联系。在外部环境中，一个重要的外部力量影响着人力资源管理模式的运作，它涉及国家法律和许多先例。这些因素（法律、法规）直接影响着整个人力资源政策、影响着人力资源管理活动的各个方面，甚至推动着人力资源管理的发展，如劳动报酬、国家的政策法规、社会环境（经济、技术）等因素。每个因素，无论是单独的还是相互联系在一起的，均能对人力资源管理造成压力。因此，我们时常要去考虑这些因素所带来的影响。

5. 跨国人力资源管理成为热点

从二十世纪六十年代开始，世界经济发生了深刻的变化。一方面科学技术迅速发展，新技术、新材料、新产品和新行业不断出现，原有企业受到日益剧烈的市场冲击；另一方面世界各国之间的经济联系日益加强，全球范围内企业之间的竞争非常激烈。越来越多的企业顺应潮流的发展，开展了越来越多的海外业务，经营范围逐渐扩大到国外。这些跨国公司面临的外部环境比国内企业面临的环境复杂得多。所谓跨国公司，就是在总部所在国以外的国家经营，并且在这些国家拥有相当大比例的物质设施和员工。尽管跨国公司中的人力资源管理的基本任务本质上是相同的,但他们完成人力资源管理任务的方式却常常由于跨国公司外部环境的影响而不同。

二、以技能开发为主的人力资源管理模式研究

世界经济发展的新趋势之一,是工业经济向知识经济转变。知识经济时代将是继农业经济时代、工业经济时代之后人类社会的一个新阶段,它将给企业的管理方式带来一场革命。自二十世纪九十年代以来,发达国家的人力资源管理也出现了较大的突破。我们知道,长期以来,人力资源管理都是围绕岗位来展开工作的。在这样的管理模式中,招聘是按照岗位说明书进行,培训也同样是根据说明书的要求来设计的,薪酬也同样是按照办理。这种管理方式仍在许多企业中发挥着重要作用。但是,随着 IT 企业的蓬勃发展,企业对员工技能和知识的要求越来越强烈,原先的岗位在一定程度限制了人力资源的进一步开发,也为管理工作带来了局限性。因此,一种以技能开发为主的人力资源管理模式应运而生。不过,值得一提的是,这种模式尚未得到充分发展,而只是在一些寻求新的竞争优势来源的企业的实践中慢慢成长起来。

(一)起源

以技能为基础的管理模式首先是从薪酬系统中派生出来的。一些企业对员工薪酬的支付方式,不是传统的"以岗定薪",而是根据其技能的高低进行付酬。目前以技能为主的薪酬方式在美国得到快速的发展,这也是对"以岗定薪"模式的创新。不仅如此,以技能为基础的模式已逐渐走出薪酬管理这一狭小的范围,扩散到人力资源管理中其他领域,如培训、岗位轮换等,它与可获得薪酬的技能密切相关。可见,以技能为基础的薪酬管理外延发生了很大变化。

尽管这只是薪酬管理革新的一小步,但它也预示着一种新的模式出现的可

能。虽然它在理论界和实践中还没得到充分的认可，但我们可以很肯定地认为，只要一个企业能够区分出哪些技能对企业的发展是至关重要的，并能够在组织成员间大量开发这种技能，那么新的人力资源管理模式的出现也就成为一种必然。而事实证明，这种模式也是可行的，特别是在一些知识含量大的、要求员工参与管理的企业表现得尤为显著。

（二）它与传统模式的区别

以技能为基础的人力资源管理模式有很多优点，与传统模式比较起来，最突出的是，它能给企业提供一种竞争优势的新来源。

1. 工作方式的差异

两种模式的工作方式的差异必然导致人力资源管理各环节工作的差异。传统模式是在岗位说明书的基础上开展工作的，招聘、薪酬管理、培训等工作是围绕岗位说明书而建立的，类似"按图索骥"的方法。而以技能为基础的模式却是，通过分析组织现有的岗位来发现员工所需的技能。如以技能为基础的薪酬系统，往往有助于促使员工广泛地培养企业所需的各种能力，导致培训工作也因为针对某项岗位所需的技能而得以深化。

2. 工作重心的差异

传统模式的焦点更多的是放在工作上，在设计工作时才附带考虑到人的精神和社会需求，以及采取相对应的各种行为，这样一来，往往忽视了员工的个性化需求。尽管这种模式也考虑到员工所需的技能，但它只把技能当成一个要素，技能的重要性就可能被其他要素所淡化。因此，按照这一模式的工作原理，我们可以得出这样的看法，传统模式的任务是去努力发现适合于岗位说明书的人，或者将个人改造成为符合岗位说明书要求的员工。由此出现一些能力较强的员工，则归功于他们的改造成功或岗位说明书的成功应用。而那些具有强于岗位技能要求的员工不会被支付额外的薪酬，有些企业也只能采取特殊问题特殊处理的方式，对特殊人才进行额外的补偿以解决能力与薪酬不匹配的问题。这也意味着，传统模式对未来的适应性较差，灵活性较低。而以技能为基础的模式却更关注员工的"核心能力"和"战略能力"。企业之间的竞争终归是人才的竞争，而人才的竞争又可归结为是否掌握"核心能力"和"战略能力"。致使人力资源管理也就围绕着如何获取和培养具有"核心能力"和"战略能力"的员工来展开工作。

3. 员工发展轨迹的差异

传统模式中，员工的职业轨迹表现为一系列的岗位等级制度；而在以技能为基础的模式中，员工的职业发展超出了传统岗位说明书的范畴，考虑更多的是企业在确定相应战略后员工需要相应地具备哪些技能。即表现为掌握多样化技能的轨迹。

4. 适用范围的差异

我们知道，尽管人力在当代也被作为一种生产要素，但并非在任何情况，对任何企业来讲都是至关重要的要素。如有些企业受到市场和资本的影响很大，受员工能力的影响较小。像快餐业和加工业等一些高度规范化的、低技术含量的企业，如果引入以技能为基础的模式，很可能会造成人工成本过高，对它的经营很不利。相反，对于那些IT业和高技术企业，很多员工正被这种模式管理着，并获得很大的效果。当然，以岗位为基础的模式也同样大量存在于这一类型的企业之中，甚至很多企业在这一模式的基础上进行部分的创作，表现得尤为明显的是薪酬系统。究其原因，该模式适用性大，毕竟是经过一百多年的实践检验，有其存在的合理性。

（三）发展的局限性与生存的条件

1. 发展的局限性

（1）成本。以技能为基础的人力资源管理模式对员工的技能和知识要求较高，这就要求员工个体投入大量的时间和金钱来提高他们自身的人力资本，相应的，员工应得的回报也更多。具体表现为企业必须支付高报酬。而如果这些员工所掌握的技能和知识不能在企业产品中充分表现，并使其产品优于竞争对手的产品，或直接转化为生产力时，那么该企业就必须付出高于竞争对手很多的人工成本。

（2）风险。伴随着企业的产生而出现的管理模式，它所带来的风险远小于在现企业机构中对一种为大家所认可的管理模式进行变革所造成的风险。如以岗位分析为基础的模式转变为以技能为基础的模式，好像一种新生事物替代旧事物所引起的震动一样，是可想而知的：改革往往是以损害某些人的利益为代价。况且该模式的发展前景还有很大的争议，目前大多数企业的领导者不敢，也不愿冒如此大的风险去进行变革。

2.生存的条件

在使用以技能为基础的模式时，还需要考虑该模式实际所需要的各种条件，我们将这些条件归纳为如下几方面。

（1）文化条件。该模式的生存很大部分要求企业形成一种高度的参与管理和不断学习的氛围。因为，高度参与管理和不断学习是企业获取竞争优势的必要条件。员工的高度参与和不断学习，使组织从多渠道利用员工的技能，从而改变组织寻求新机遇的方式；反之，以技能为基础的模式又为员工发挥才能提供了肥沃的土壤。所以，这种文化氛围中高度的参与管理和不断的学习，与这种管理模式相辅相成，引导企业进入一个良性的竞争环境中。

（2）组织条件。由于该模式的人工成本较高，风险较大，企业不得不进行机构的精减，一方面可以减少成本，提高竞争能力；另一方面企业可以集中时间和精力去观察员工的能力的开发，去关注员工所关心的问题。显然，以技能为基础的模式更适合那些精简的组织机构。

（3）战略条件。以该模式存在的前提条件是人力资源竞争的基础。因而人力资本在这一模式中的地位越来越突出。也就是说，企业在导入该模式之前，首先必须对企业的人力资源进行战略分析，否则，模式的实施和运作很难获得成功。

三、人力资源虚拟管理研究

自二十世纪八十年代以来，知识经济的兴起和信息技术的日新月异取消了人们之间知识、信息传递的障碍，也带来了人类经营意识、管理观念的巨大改变。牛津大学教授迈天曾指出："资本主义的传统生产要素被描绘成资本、劳动力和土地等自然资源。在今天，最重要的生产资源却不是这些，而是无所不在的知识和信息。知识和信息通过对传统生产要素的整合和改革，为公司的发展创造了新的价值。"日本的整体性管理、德国的不规则型企业以及美国的敏捷制造和精益生产等都体现了一个共性，即重新认识人力资本、知识、信息、技术在工作中的重要性。在知识经济的大背景下，借助于网络的强大功能，一个资本、信息、技术、人才及原料都能够在全球范围内自由流动的经济模式正逐步成为许多企业实现迅速发展的有效途径。在我国经济转型的大背景下，虚拟管理模式正以其成功彰显了企业模式的新理念。

（一）虚拟管理的定义与特征

美国利海大学的艾科卡研究所曾为美国国会提交了一份题为《21世纪制造企业战略》的研究报告，在报告中富有创造性地提出了虚拟企业的构思，即在企业之间以市场为导向建立动态联盟，以便能够充分利用整个社会的制造资源，在激烈的竞争中取胜。"虚拟企业"的概念一经提出，便成为世界媒体非常热门的话题，虽然各界对此褒贬不一，但它已如潮涌来。

虚拟管理是伴随着虚拟企业的产生而呈现的，众多企业的成功经验也预示了它将成为 21 世纪管理的主流模式之一。所谓虚拟管理，一种说法是指"有多个项目小组或企业，各自专门负责整个项目的一个子任务块，在自己的优势领域独立运作，并通过彼此间的协调和合作，以达到整个项目的实现"。另一种说法是"为快速响应市场需求，充分利用计算机技术和互联网技术打破传统的空间概念，组建管理扁平化、竞争与合作相互结合的动态结合，并围绕各自的核心竞争力开展生产活动的模式"。从经济学角度来看，它是企业在知识经济时代以知识为导向，以技术为桥梁，通过压缩或消减公司规模，节约交易成本，尽快向高利润部门转移资源，从而达到资源最优配置，实现企业利润的最大化的管理模式。无论是采用何种说法和何种表述，本质上它们都包含了以下特点。

1. 拥有核心功能

尽管虚拟化正在尝试中成长，各个企业的虚拟化从内容到形式多种多样，虚拟的程度也有所不同，但它们的共同特点是将公司不具备竞争优势的管理功能交由其他专门公司去实施。实质上就是企业仅拥有核心功能，其他功能只要不具竞争力，就被虚拟化。对于人力资源管理来说，在企业资源有限的情况下，为取得竞争中的优势地位，企业只掌握核心功能，也即把企业知识和技术依赖性强的功能部分掌握在自己手里，而把其他功能部分进行虚拟，并借用外界力量来进行职能的整合，从而使得人力资源管理职能获得了更多对"人"施加深刻影响的机会。

2. 网络连接

虚拟管理的产生依附于网络的存在，网络是其生产与经营的基础。与传统的管理方式相比，虚拟企业在很大程度上依赖先进的通信技术和四通八达的互联网技术。

3. 无严格的企业边界

虚拟管理突破了传统企业的有形的界限，虽然表面上企业也有招聘、培训、录用等功能，但企业内部却没有执行这些功能的组织。一方面，它打破了传统企业组织形式的边界，各成员企业本着自愿互利原则组成某种松散型的网络合作关系；另一方面它也打破了行业边界，成员企业可以是独立企业、科研机构或竞争对手，它们是以各自相对具有的优势为桥梁联合组成的临时性网络。

4. 以合作为基础

虚拟管理的基础是成员企业之间彼此合作和信任，这与传统企业的方式有很大的差别，企业为了生存，首先必须学会合作和信任，为竞争而合作，靠合作来竞争，从而形成某种利益的共存体。事实上，它改变了过去企业之间输赢的关系，建立起双赢的关系。

（二）人力资源虚拟管理的形式

随着虚拟管理的进一步发展，人力资源管理部门这个一向被认为是企业内部不可分割的部分，有些业务虚拟化的趋势也日益明显。从实际上看，每一个公司虚拟的职能不尽相同，有的将整个员工福利管理全部虚拟，有的只是将其中单项福利管理进行虚拟，如退休员工的养老金管理、员工分红、员工人身保险和医疗保险项目等。人力资源虚拟管理归纳起来主要表现在以下几个方面。

1. 薪酬虚拟

工资的设计与发放向来是人力资源管理部门的最基本业务，而美国的许多企业已经将该项工作外包给专营企业去做。而这些专营公司也越来越规范，所提供的服务越来越到位，以满足各种企业的"个性化"需求。企业通过将类似薪金、福利规划与管理等交给专业业主或专业咨询公司，一方面提高了双方的效率，享受因各自规模经济而带来的好处，另一方面还会因此而降低企业的经营风险。

2. 招聘虚拟

人力资源相关法律、法规的变化，以及外部环境的不断变化给企业的招聘政策、招聘工作带来了较大的风险；同时虚拟企业员工的流动性、弹性和可替代性也越来越强,因此,该项工作虚拟的程度也越来越高。招聘虚拟有两种方式,一种是由外部中介机构在人力资源相关法律法规的限制范围内,根据企业所需人员的条件进行广泛、有效地筛选后,为企业提供较为合理的人力资源的配置,这种现象在国内外已屡见不鲜。另一种方式是企业在自己的网站上挂上"职位空缺"栏目。求职者若希望到某家企业去工作,就可直接访问该企业的网站。网络招聘以其低成本、见效快、不受地域限制等特点越来越得到国内外许多公司的青睐。

这种招聘方式不仅缓解了信息在雇佣双方之间分布不对称的矛盾,也使双方获取信息的代价降低到最低限度。从而让雇佣双方的交易变得更加透明、更加准确,减少了招聘活动中的不确定性,增强了雇佣双方决策的质量。可以预见,网上招聘和求职将成为未来社会发展的一大主流。

3. 员工虚拟

企业用工形式变得越来越灵活,不仅存在劳动的虚拟,也出现了高级人才虚拟现象,其实质就是将员工所拥有的智力、知识、体力与单纯员工的管理分离开来。提供服务的一方享有员工管理的"所有权",而另一方则只享有员工智力、知识或体力的"使用权"。目前主要有两类,一类是劳力虚拟,一类是智力虚拟。劳力虚拟主要是为企业提供体力劳动的服务,国内许多企业也实行工人雇佣的弹性化,传统的"单一就业模式"让位于"补丁模式"。而智力虚拟主要是指一些高级人才提供智力上、知识上的服务,是一种典型的借用外脑的虚拟运作模式。导致这类人员虚拟的原因主要有三个方面：第一,企业智力资源的巨额开发成本使有的企业心有余而力不足；第二,企业智力资源的培育和开发与企业遇到的市场机会即与企业的需要相比在时间上可能有一个滞后,对于这一点,即使是在智力资源开发方面有良好预见力的企业也是难以克服的；

第三，企业内部智力资源的供求矛盾是造成此类人员虚拟的另一个原因。

就企业智力资源的现状来说，一方面是企业对智力资源渴望；另一方面是企业自身智力资源的严重不足，即使是在一些人才济济的企业也不例外。面对这种情形，越来越多的企业自然地想到了借脑与借智力的思路，即借用企业外部的智力资源来弥补企业自身智力资源的不足，智力虚拟也由此应运而生。这类人员的虚拟与劳力虚拟的区别在于，他们提供的是智力与知识服务，这些人多为企业外部的管理专家或技术专家。他们不仅仅归属于一个企业，而是为众多企业所共同拥有。

虚拟的智力和劳力资源招之即来，既可以与企业内部的智力和体力资源相互配合、优势互补，又节省了大笔的资源培养与开发费用，企业以较少的投入得到了所需要的智力和体力。无论从投入产出的角度来看，还是从适应多变的环境来看，人员虚拟都不失为一条节省而迅速地聚集企业，可以获得的智力和体力资源为企业发展发挥作用的捷径。人员虚拟的出现从另一个角度来看，它也打破了传统的组织界限和劳动合同关系，尤其是高级人才的虚拟化更是体现了知识、资源的"无疆界"。

4. 培训虚拟

虚拟管理对员工的技能要求更加独特，它的经营过程也是企业管理者和员工互动式的教育过程，这就要求员工自身要有较强的适应动态变化的学习能力，因此，企业培训也应不拘一格。许多企业的培训工作除了依靠于专业咨询公司或院校外，还有一种培训方式就是企业内部网络化培训。这种方法以其高效简便逐渐为众多的企业所接受。越来越多的实践表明，网络培训效率更高、更为方便，而且门类齐全，能满足多种行业的不同需要；而且由于多媒体通信手段的完善，学员可以在学习过程中随时与培训机构的老师进行对话和交流。此外，由于网络培训可以实现跨地区、跨国联网，因此也较容易获取各种新的知识和信息。

运用网络媒体以最快速度推出各种培训项目，是企业纷纷借助网络开发人力资源的初衷。但促使人们在网上进行各种培训活动的动因更主要是人们可以透过国际互联网获取大量的信息。

5.跨文化虚拟

企业文化在国外被纳入人力资源管理的范畴，而国内则往往游离于人力资源管理之外。为了全面了解虚拟管理的影响，我们也将对此进行简要阐述。大家知道，一般企业的文化管理，是基于固定形式的某一组织内部来进行的，而虚拟管理无法实施单一的文化管理，它的运作需要引入企业外部的虚拟资源，从而在所难免地带来企业外部的文化。由于临时性的合作不可能有时间来培育十分完善的组织文化，它的管理会经常面临文化差异带来的障碍甚至冲突。虚拟管理实际是对"一个以完成项目为目的的团队"进行管理，合作是参与各方共同的义务，因而要求形成目标一致的团队文化，有时一个企业往往会出现若干个团队文化，不同的团队文化之间的沟通、协调问题将是跨文化管理的主要范围。因此，在企业跨文化管理过程中，保持和培育成员企业的核心能力，以及对核心能力的载体——人才的培养、激励和发展是根本任务，这就要求各成员的所有员工应具有更多的知识和更强的适应能力创造条件努力减少各种文化的冲突，使之逐渐相互理解与融合，无疑这也是成功实施虚拟运作中不容忽视的一个要素。

四、人力资源虚拟管理的动因分析

（一）竞争因素

虚拟化首先是巨大的竞争压力所导致。由于市场竞争日益加剧，市场需求的瞬息万变使产品与技术开发难度加大，管理的复杂程度提高，使企业感到完全靠自身的力量，靠自身的智力资源与多变的环境以及日渐难以对付的竞争对手相抗衡来获取竞争优势已不是易事。在激烈竞争的情势下，企业在不断寻求自身的竞争优势过程中，往往将企业非核心因素放在企业考虑之外，转而关注企业价值链上各环节和高附加值活动。人力资源管理同样也面临这种情况。我们知道，传统企业人力资源管理工作大致可分为两方面，一种是事务性的，另一种是战略性的。

所谓事务性项目指的是考勤、人事档案管理、绩效考评、薪资福利等行政性和总务性的工作。而战略性项目包括人力资源政策的制定、执行，帮助对中高层主管的甄选，员工的教育、培训、生涯规划，组织发展规划和为业务发展开发、留住人才等。

因此，在未来的发展中，人力资源管理者会越来越多地参与企业战略、组织业务活动，领导企业变革，建立竞争优势，逐渐摒弃以往作为公司规定执行者的观念和做法，扮演着公司战略制定和执行过程的参与者和管理者。随着互联网络的迅猛发展和普及，以及专业化公司的出现，把一些非核心的、过于细节化的传统性人事管理业务进行虚拟，也将成为企业提升人力资源竞争力的选择。

（二）成本因素

企业正面对一个急剧变化的经济环境，为赢得竞争，企业必须通过降低成本、产品和工艺创新、提高质量和效率、灵活应变市场等措施不断改善业绩。然而这些方法最终都是借助人力资源来实施的。从经济学角度来看，管理的目的就是要严格控制成本的支出，传统上企业的员工往往被看成是成本，人事管理的职能在于使之最小化，以便成为效率的潜在来源，很少有人会认为人力资源管理也创造价值。目前，劳动力成本在很多组织内依然是最大的运作成本，在企业面临生存危机时，减少员工人数依然是企业重构战略的一个主要方面，其目的就在于降低这项成本。再加上，企业智力资源的巨额开发成本更是让许多企业望而却步。而且大公司通过虚拟化管理,能够适当缩小规模,保持敏捷性,克服由于规模经济产生的大公司的常见弱点。

(三)风险因素

企业为了自身的发展,避免劳动纠纷和高昂的法律诉讼,在人力资源管理方面都更愿意将风险转由专业化公司承担。这样一来,双方构成了一种利益共生体。利益共生体的建立无形中降低了企业运营中的系统风险和特殊风险。

(四)技术因素

虚拟管理的实现是以技术的不断进步为前提的。二十世纪七十年代以来,以电子技术为基础的计算机技术和通信技术取得了长足的发展,并渗透到经济和社会的各个领域。高度的信息化改变了企业的管理方式,给管理人员带来了前所未有的力量,让网络的智能化服务成为现实。一方面,金字塔式的垂直管理逐渐被水平管理取代:传统的中层经理的监督和协调功能已经被计算机网络取代,处于公司管理层的最顶部和最底部的人员可以通过计算机网络实现沟通和联络,公司的组织结构趋于扁平化。另一方面,由于网络技术的发展,信息处理能力的不断增强,人们之间、组织之间的沟通变得简单、有效。我们知道,传统企业模式下,信息取得后,通常要经过逐级汇总,最后传递给管理者,由管理者做出决策,再将决策结果自上而下传给员工。而在虚拟管理中,计算机能准确地搜集、加工大量信息,并即时地传递给决策者,甚至有时经计算机分析、处理后,不依靠管理者的决策,训练有素的员工就能够根据计算机的判断解决问题或自己做出决策,效率得以大大提升。因此,使用网络技术来管理人力资源,实际上是将人力资源部的监督管理转化为员工的自我管理,强调的是企业内部各个组成团体之间自由组合、自由拆分的水平管理。并将人力资源管理者从事务性、行政性工作中解脱出来,转而参与企业的战略规划、企业的组织发展等工作。与此同时，社会上也开始出现了专门从事网络服务的通信厂商，他们为企业利用公共网络资源进行迅速的信息交流提供方便。

由此可见，虚拟管理只有建立在信息技术进步的基础上，才能实现项目操作的运作。当然，网络技术不仅仅成为管理者的工具，更主要的是它改变了人们的观念，因此，员工职业发展道路的改变也将成为必然。

（五）社会因素

通过虚拟经营将有限的资源集中在附加值高的功能上，而将附加值低的功能进行虚拟，可以将企业顺利地从"企业办社会"的包袱解脱出来。如我国目前大力推行社会保障工作，目的就是要把企业福利向社会福利转变，从而减轻企业的负担。当然，无论是对哪项业务进行虚拟管理，都应当考虑企业的高层管理人员和决策人员的支持，而这种支持有时往往是虚拟管理成功的关键。

五、人力资源虚拟管理的应对启示

虚拟管理事实上是战略的有机结合，它不同于传统管理模式，是伴随市场行情变化的利益相关者之间的联合。它突出的是信息、资源、知识联盟，要求利益相关者具有核心技术、优势互补。因此，要确保各利益相关者的核心竞争优势，必须把企业内部的智能和资源集中在那些具有核心竞争优势的活动上。而我国企业的人力资源状况是：人员流动不畅，人们的岗位大多倾向于稳定性，员工岗位的磨蹭性观念使真正的创业企业家和工程技术人员很难形成新机制。虽然虚拟管理在我国作为企业管理主流为时尚早，但它作为知识经济下企业组织变革的一个代表已经出现，并给企业带来无尽商机。为此，如何回应这一新生事物，乃是企业管理者当务之急的大事。

（一）强调员工的素质

虚拟化是建立在信息网络基础上的联合体，它一定要有高素质的人才才能存续，这对员工素质提出了新的要求。对于经营者，有学者表示，"以信息的网络化、经济的契约化为媒介，企业可借助'虚拟组织'来降低创新的交易成本，'虚拟成本'将变得与实体同等重要，企业家更加成为创新的核心和灵魂"。因此，虚拟企业更需要魅力型领导，这些领导在判断力和能力上有绝对的自信，善于创建组织的共同未来远景，而且能清楚地向下属说明目标与要求，鼓励下属为达到目标而努力；与此同时，中层管理人员也由原来考评、监督者的角色转变为智能型教练，并能为所领导的小组顺利开展工作提供建议、协助、鼓舞和激励，这是动态联盟所要求的创造型关系；而企业的所有员工则应具有更多的知识和更强的适应能力。

（二）强调团队协作

虚拟管理实际是一个以完成项目为目的的团队，合作是参与各方共同的义务，因而要求形成目标一致的团队。这并不意味着以牺牲合作伙伴的利益来服从整体目标，而应系统地考虑局部目标与整体目标的关系，并在项目实施中通过随时协调、沟通达到局部目标与整体目标的一致。由于各成员企业来自不同的组织，有着不同的背景，在合作过程中，会自觉或不自觉地产生习惯性的防卫心理和行为，无形中在虚拟管理中设置了阻碍。特别是在不同文化背景、不同价值观下，利益共生体企业之间的冲突是很难避免的。如何消除这一冲突，达到充分融合是利益共生体企业迫切需要解决的问题。这就要求成员企业必须通过充分的沟通与相互尊重，消除习惯性的防卫，建立起信任关系，才能方便有效地进行企业间的动态合作，促进团队的形成。

（三）强调管理者与被管理者的平等关系

传统企业把人看作是机器设备的吸附物，是工具、螺丝钉。管理者处于"金字塔"结构的顶端，监管、控制、指挥着被管理者。被管理者则是被动的、单向的，执行着管理者下达的指令、任务，生产着规定的产品，完成着规定的定额，管理者与被管理者的关系是隶属性的、单向的指挥与执行关系，因而也是紧张的、不十分和谐的。而在虚拟企业中，人是主体。人是知识的生产者，机器设备和产品的制造者，同时又是产品和知识的消费者、使用者。管理者与被管理者之间的等级关系被淡化，反而强调双方之间平等的主体地位，共享着企业所有员工的知识和知识创新，他们的关系是友好的、双向互动的，真正实现着自身价值和自我超越。因此，要建立一个适应这种运作方式的平等关系，显然是一项极为复杂的任务。考虑到当前知识经济正以前所未有的速度改变着几乎所有产业和企业，我们绝不能视而不见，坐以待毙，必须积极行动起来，迎接这一挑战。

（四）职业生涯的重新定位

企业虚拟管理模式是以自治（充分授权）、分布式的团队工作取代金字塔式的阶梯层次管理机构，它的管理是建立在人们参与知识共享的激励机制基础上的，目的在于激发人的创造力和智力，培养和实现集体的创造力。因此，传统意义上的职业生涯（组织的金字塔结构和等级阶梯向上流动）已经受到了很大的限制。虚拟组织引进更多新型科技，上级的授权也变得更多，公司与供应商、顾客的界限也日益模糊，流程时间在不断缩短，员工所受到的变革冲击越来越多。因此，作为虚拟组织的员工，其职业生涯比在传统的组织结构中更难把握和预测，也体现得更加不稳定。为适应未来越来越复杂的变局，他们只得持续增加更多复杂的训练，培养"多能"或第二专长、第三专长等技能，这在一定程度上影响了其职业生涯的发展轨迹。现在，越来越多的人接受了这样的生涯发展观念，即从个人成长的角度来认识职业生涯。

六、人力资源相关法律研究

市场经济体制要求以市场作为人力资源配置的基础性手段。市场运行过程中，劳动力供求双方的市场风险、利益取向、激烈竞争等，都会给劳动关系带来一些新的问题和新的矛盾。如果没有强有力的法律保障体系，就很难避免市场缺陷所形成的漏洞对劳动关系双方权益的侵犯。市场经济是法治经济，市场拒绝任何跨越于法律之上的权利。市场条件下，劳动关系双方的权利、义务以及劳动关系主体之间的互动为主要内容的劳动力市场秩序，都必须由法律来建立、规范和维护。

这些法规对人力资源管理具有最为直接的规范和促进作用，并影响着人力资源管理的各个环节：从雇员到招聘、录用、培训、晋升、薪酬、福利、辞退，到社会保障等。

随着现代企业制度的逐步建立，我国劳动关系也发生了巨大而深刻的变化。伴随着劳动关系的日益复杂和多元化，以及有关劳动关系的法律法规的逐步完善，用人单位和雇员作为平等的市场主体，通过法律途径解决劳动争议的自觉性越来越高。这也是劳动关系法律成为人力资源研究热点的重要原因。

（一）人力资源法律的作用

人力资源法律（这里"法律"一词若不做特别约定则做广义理解）是通过国家立法，用国家强制力（包括司法权和行政权）来规范企业对人力资源的管理。人力资源法律完善程度，是衡量一个国家人力资源社会性保护水平高低的重要标志。人力资源法律的作用主要表现在两个方面：

1. 保护作用

任何国家和社会的运行机制中，都有消极、滞后的因素，在人力资源保护的具体实施过程中，如果这些因素被涉及，他们便会转化为阻抗实施人力资源社会保护的逆向势力。法律作为维护社会秩序的最后屏障，其实施手段的强制性能够有效地消除人力资源保护中的保守和抵抗力量，为人力资源管理构建一个基础性的制度平台。因此，要建立完善的保障制度，必须建立健全相关的法律法规。

2. 稳定作用

法律不但具有强制性，而且具有稳定性，它在社会经济快速发展的过程中充当稳压器，在不同的社会群体发生利益冲突时充当调节器。法律的这种作用同样体现在劳动关系中：它通过一系列的行为规范将劳动力（人力资源）供求双方的权利义务，以及社会管理当局的行为角色相对地固定下来，从而保证劳动关系主体之间的良性互动和劳动力市场机制的有序运行。

（二）人力资源法律体系

人力资源法律体系是指一个国家内，与人力资源管理和保护有关的不同层次的法律法规及其实施保障机制的有机整体。这些法律法规协调着企业中的劳动关系，保护着劳动力（人力资源）供求双方的合法权益，体现了社会管理当局对企业的作用所持的具体态度以及对劳动关系的介入程度。在人力资源法律体系中，各种法律法规从不同的方面，共同执行调节企业劳动关系的任务，其目标就是通过法律的手段来保证人力资源管理的正常运作，并着重为雇员提供一个劳动权益的保护体系。显然，人力资源管理相关法律法规对企业的人力资源管理具有很强的制约作用，企业在从事管理活动时，必须遵守这些法律法规。我们一般把人力资源法律体系归纳为以下几个部分。

劳动关系协调法，主要由以实现劳动关系运行协调化为基本职能的法律制度所构成，这类法律主要有宪法、劳动合同法（包括集体合同法）、工会法、劳动争议救济法等。

劳动基准法，又称劳动条件基准法，主要由以实现劳动关系中雇员权益基准化为基本职能的法律制度所构成，包括工时法、劳动保护法、工资法等。

劳动保障法，主要由以实现雇员劳动权益保障和劳动关系正常运行的社会条件，即实现劳动保障社会化为基本职能的法律制度所构成，包括推进就业法、职业培训法和社会保障法（如养老保险、医疗保险、失业保险、工伤保险等）等。

人力资源法律根据内容的集中性和系统性不同，可分为劳动法典和与劳动力（人力资源）管理有关的法律原则和法律规范。前者是指专门规范劳动关系的法律，后者是指分布在其他法律、法规、规章以及国际条约等规范性规律文件中、与劳动力（人力资源）管理相关的法律原则和法律规范。

第三章 高校人力资源管理的基本理论

第一节 高校人力资源管理的现状

高校人力资源是指从事或服务于高校内部教学科研等工作，以推动高等教育、经济和社会发展的具有体力和脑力劳动能力的在岗员工的总和，主要由教学科研人员、行政管理人员和后勤服务人员三部分组成。教学科研人员是高校人力资源的主体，承担着高校教学、科学研究和社会服务的重要职责。行政管理人员是高校人力资源的关键所在，必须具备良好的政治思想和教育管理专业素质，促使行政管理更加科学化、过程化和目标化。后勤服务人员则是高校人力资源的补充，为高校的建设和发展以及教学科研活动的顺利进行提供坚实基础和有力支持。高校只有增加人力资源储备，建立长效的激励机制，才能更好地吸引人才、用好人才，使人才能够真正地发挥他们的效力，为高校所用，来推动整个社会的良好发展。

随着高校扩招和市场经济体制的发展，我国高校在人力资源管理方面虽已取得良好的发展，但还存在一些阻碍因素影响了高校整体的人力资源发展。

一、高校人力资源管理存在的问题

（一）高校人力资源配置效率低

人力资源配置是按照社会对劳动力的需求，将人力资源分配到社会各个生产环节的过程。对于高等院校，高效率的人力资源配置是促进高校快速发展和增加国民经济增长的有效手段。随着市场经济体制的运行和高校招生规模的扩大，高校的人力资源配置效率已经有了一些改善，但是在众多因素的影响下，高校人力资源配置依然存在一些问题：高校规模的扩大使得高校本身对教师以及相关行政管理人员和后勤人员的需求增多。近年来，高校在对教师进行招聘的时候大量引进了专业的研究生和博士，他们的年龄层次趋于年轻化，这就致使了高校人力资源比例失调，其中教学经验缺乏、科研能力薄弱的青年教师偏多，而高精尖人才、学科带头人和骨干教师的数量偏少；管理层中缺乏管理思想和领导能力兼备的人才；有些高校还会出现专职教师数目过少，教师数量和行政人员数量不匹配等现象。通过整体看来，高校人力资源配置效率低下，突出表现在各层次和各岗位之间人员配置比例不协调。这样将会造成人力资源的浪费，阻碍高校进一步良好发展。

（二）招聘机制不健全

有些高等院校通常是在人力资源出现缺口的时候才会组织一些招聘，并没有把招聘列入人力资源管理的规划中。高校在招聘中存在着以下的问题：第一，高校在对教师招聘的过程中对学历的要求越来越高，普通的本科院校基本要求博士学位。有些高校在招聘的时候还要看应聘者毕业院校的知名度。更有甚者，一些院校在进行招聘的时候会对应聘者的第一学历进行筛查，这种过分看重学历的情况会影响到高校招聘的质量。高校在招聘时应该看重应聘者的学术能力、科研能力和教学能力的高低,而不能只看重应聘者学校的名气,应该综合考虑,否则招聘进来的人才可能就带动不了学校相关学科的发展。第二,高等院校是被社会认可和推崇的,这也使高等院校的岗位成为一种稀缺岗位。

(三)人才培养力度不够

一些高校只注重人力资源的引进,但是缺乏后期一系列的培训,没有把人力资源的培训与开发作为一项重要内容。大部分高校把人力资源的培训当作一种成本,而没有看到后期给高校发展带来的良好影响。很多高校也认识到培训会给学校带来有益的影响,但是认为作用有限,这些高校的管理者通常认为培训并不能提高高校人力资源的教学水平、科研能力或行政能力。而且,大多数高校开展的培训都是一般性的培训,并没有针对性,没有根据人员的需求进行培训,最终导致了培训得不到预期的效果。这种培训一方面增加了高校的成本,另一方面浪费了人员的时间,造成人力资源的培训与开发和实际工作环节脱节。

(四)绩效考评制度不合理

高校绩效考核制度决定了教职工对待工作的积极性。如何衡量人力资源对组织的贡献程度?如何合理配置现有的人力资源?如何决定现有人力资源的职业发展方向?如何针对不同的人员采用适当的激励措施?这些都有赖于科学、公正的绩效考核。部分高校在进行人力资源绩效考核时还存在一些问题:第一,有些高校在进行考核的时候会将考核结果分成优、良、中、差四个等级,每个等级都有一定的比例设置,这样会打消一些人的积极性,而处于同等级的人员也看不出具体的差别。第二,部分高校的绩效考核流程还不够严谨和规范,最终的考评结果就是与教职工的晋升、工资的上调和奖励等没有直接的关联,导致激励成效不明显。

二、提升高校人力资源管理的对策

（一）优化人员配置，提高人力资源管理效率

高校应当结合现有的市场环境，优化自身人力资源的配置。首先，要优化教师队伍的结构，使年龄比例、职称比例、高层次人才的比例都达到一个合理的范围，优化师生比例，确保专职教师的队伍要与学生数量相协调，提高教学效率和高校人力资源的利用效率。其次，要改善人力资源的结构，高校人力资源主要由教学人员、行政人员和后勤人员组成，高校要对其结构进行优化调整。高校主要是以教学人员为主，所以在人员配比上应该往教学科研人员方面侧重，在保证高效率的工作运转的同时，加大教学人员的比例。对于行政管理队伍，高校应当实施精英选拔制度，去除了冗余人员，培养一批高素质、专业能力强的高级管理人才；对于教学人员，高校应当根据学校专业设置、办学理念和学科发展来确定教师的数量和岗位，不断提高他们的综合实力。总之，最终要实现人岗匹配，人尽其才，提高人力资源管理效率。

（二）健全高校人才引进机制

针对现有招聘体系当中存在的一些问题，可以从以下几个方面提出一些改进方案。首先，高校应当继续提高人才引进的门槛，以确保教研人员拥有高学历，提高人力资源队伍的整体学历水平；在进行人员招聘的时候，不应当只注重被招聘人员的"出身"（应聘者毕业院校的名气以及导师的名气），还应当重视应聘者的科研能力和创新能力，要根据不同的岗位和学科特点来对应聘者提出不同的要求，如果有特别优秀的人才，可以适当降低一些硬性指标的要求，做到不拘一格降人才，增强高校高级人才的储备。其次，在进行招聘的过程中，高校应当做到真正的公平公正、按岗设需、平等竞争，杜绝有人依靠裙带关系

应聘到相关的岗位上。最后，高校在保证自有专职教师数量充足的条件下，应当加强与其他高校的合作，可以增加访问学者的数量，共享教师教育资源，也可以聘请其他高校的优秀教师担任本校的兼职教师等，提高师资队伍的层次。

（三）做好人力资源开发与培训

高校作为向社会输送高素质人才的场所，其人力资源承担着主力军的角色。面对层出不穷的新科技、新知识和新学科，及时进行人力资源培训就显得尤为重要。高校需要重新审视人力资源开发与培训的重要性，把其列为人力资源管理的主要环节。首先，高校要制定合理的培训目标，确保每个岗位的教职工都能够定期接受与其岗位相关的有效培训，例如，青年教师的岗前培训活动、各种专题讲座、高级研讨班和学术沙龙等。其次，高校应当选择合适的人担任培训人员，可以聘请校内有经验的一线教师、管理人员以及校外的优秀学者和管理人员对不同岗位的人员进行培训。现有高校中人数比重比较大的依然是中青年教师，所以高校应当把中青年教师作为重点培训对象。对高层次人才进行培训时，应当多以探讨为主，有利于激发出来一些新的教学理念；对于行政和后勤人员进行培训时，应当着眼于提高他们的服务能力和工作能力，最终来达到促使学校进步和学科发展的效果，真正实现培训目标。

（四）完善高校人力资源考核办法

一个科学的绩效办法能够公正、合理地考核高校教师、管理人员和后勤人员的工作质量，以此为依据给出考核结果，奖励那些有贡献的人员，促使他们不断完善自身的工作，来提高他们的工作积极性。高校在进行绩效考核时，应当结合自身的特色，既要考虑经济效益，也要考虑社会效益。在对中青年教师进行考核指标设置时，高校应当处理好科研和教学这两者之间权重的配置，建立一个灵活、有效的考核指标。对于高层次和科研能力比较强的教授，可以发挥他们的科研优势，增加科研考核指标的权重而降低教学考核指标的权重。对于行政管理人员和后勤管理人员，可以将工作完成的时效和质量来作为考核的评判标准，制定严格的奖惩措施，以真正起到激励的效用。另外，高校在绩效考核和奖惩激励的过程中，还应当充分考虑人力资源的岗位异同、需求差异和区位差异，要因人、因岗、因时地来建立考核体系，使高校的每位教职工都能充分体会实现自身价值的满足感和贡献社会的成就感，从而更加积极的态度去努力完成自身工作、发挥个人价值，创造社会效益。

第二节　高校人力资源管理的创新途径

高校人力资源管理的创新最初要从观念入手。理念的创新能够助推高校对人力资源管理创新意义的重视，并从根本上来落实创新改革战略。首先，人力资源创新战略的目标要以高校实际发展状况为前提条件，同时注重人事管理的独立性和特殊性等相关特征，对于人力资源的组织、调配和管控都需要从战略的方向出发。其次，人力资源管理体制要从整体上来实现创新，领导层的管理职务要逐步下放至不同的院系，强化院系的管理水平，使人力资源具有相应的二级管理层，以良好的协调关系来提高各管理层之间的管理水平。最后，创新的现代化人力资源管理应该是开放的和灵活的，高校需要在思想上进行解放，营造现代化的管理氛围，促使各个院系具有积极性和主动性，加强各个环节的协同，以此为高校构建高效率和高质量的创新人力资源管理体制。

一、高校人力资源的主要特征

（一）整体流动性大

通常来说，高校的师资力量较为雄厚，人力资源的储备是可观的。随着知识经济的发展，在市场中，高校的人才队伍具有非常大的竞争力。站在个人的角度，自我价值的提升促使高校教师职业选择的路径越来越多，他们偏向于选择社会认可度普遍较高的工作。

（二）有着鲜明的独立性

在高校人力资源的构成中，教师的综合素质较高，而且他们更具有独立性。在实际的工作中，他们更加重视环境的自由度。不同的追求促使他们在职业发展中更强调对工作的自我引导和合理安排，在时间的规划上张力是非常明显的。

（三）管理过程和结果无法协同评价

人才培养和科学研究是高校教师的核心工作，然而人才培养的效果和科研水平的程度难以用详细的标准来体现，导致在实际的工作中，这两者呈现的价值没有明确的方法来判定。而且人才的培养处于不断的发展中，要严格监控管理过程并不容易。

二、高校人力资源管理存在的缺陷

（一）缺乏科学的评价和考核体系

在人力资源管理中，绩效考评是专业性和技术性较强的工作，同样是高校人力资源管理创新中非常具有挑战性的工作。在这方面的实际发展中，存在的不足之处非常多。首先，高校绩效考评的标准非常单一，而且没有进行细化，考核的标准内容存在笼统、模糊等问题。其次，考核的方向缺乏灵活性，更多是依赖于定量结果，促使教职工形成了数字化考核的意识。在绩效考核过程中，相关人员缺乏充分的沟通。考核过程只有由全员参与才能发挥绩效评测的价值。不管是怎样的考核标准和手段，单一的部门都难以有效地执行绩效考核。最后，绩效考核的结果评价至关重要，能够促使这一方案不断改进，是教职工提升能力的参照依据。但是，部分高校却将绩效考核评价结果束之高阁，决策依旧以主观的判断为主。

（二）对人力资源管理缺乏创新性认识

在现代化经济体系深入改革之下，新的人力资源管理方式源源不断地出现，并且逐步向高校渗透。很多高校开始重视人力资源管理，并且针对人力资源管理制定了创新性的发展战略。然而，传统的人力资源管理的思想和模式难以一时改变，影响力较大。受制于这种传统的管理思想，部分高校对人力资源管理缺乏创新性的认识，难以全面、专业且深入地了解现代化人力资源管理理念，从而干扰了高校日常对人才配置及人才建设等方面的工作。整体的人力资源管理因为观念上缺乏创新性认识，所以无法就得到健全和优化，管理的水平与现代化的人力资源管理理念不匹配。

（三）人力资源信息化管理程度弱

信息技术在现代化社会被应用在各个行业，有效地提高了管理的效率。信息技术的利用是实现创新改革的关键途径之一，然而高校人力资源管理中的信息化构建基础并不坚实。一方面，传统的人事部门经由不断地发展逐渐演变成高校的人力资源管理部门，原有的人力资源管理人员在信息化上并没有一定的技能储备，而且经验不足。另一方面，当下的信息化技术更新换代的速度非常快，高校的学习培训的速度难以达到与之相符的状态，相关的工作人员在人力资源管理中不能在短时间里掌握并且可以充分利用创新技术。此外，在人力资源管理信息化的建设上，高校欠缺足够的重视，在资金上没有给予充分的支持，降低了人事部门管理的效率。针对信息化建设，仅仅是一时的利用，就缺乏长期的统筹规划，所以信息化建设在人事信息处理和信息共享等方面没有发挥有力的作用。

三、高校人力资源管理创新的重要意义

现代化的企业对于人才的需求随着市场的变动出现了转变。高校人力资源管理只有通过不断的创新，才能提高人力资源管理的质量，才能适应当下人才市场的需求。从不同的角度来说，首先，高校人才培养的基础是人力资源管理。创新的人力资源管理能够为高校构建科学的管理体制，一方面从整体上来增强高校人力资源的综合素质，强化人才队伍的建设，并且提升人才培养的效果，另一方面高校的教职工和其事业发展可以在创新的人力资源管理下取得良好的发展。其次，创新的人力资源管理会优化管理方法，提高灵活性，借助现代化的技术提升管理的效率。人力资源管理涉及方方面面的内容，是较为烦琐的工作。传统的方式是基本由人工执行，在耗费人力、物力的同时，还会花费很多的精力，浪费资源，同时也存在诸多的漏洞和错误。而通过创新，高校人力资源管理逐步向信息化方向发展，在使人摆脱了烦琐工作的同时，还能够提升了各种人事信息的准确性和全面性。

四、高校人力资源管理的创新途径

（一）观念转变，将创新多角度渗入

高校人力资源管理涉及的内容非常多。针对繁杂的工作实现创新，需要创设健全的人力资源管理机制，从而在创新中提高人力资源管理的水平。首先，

可以转变高校人力聘用的方式，来引入多层次人员聘用理念。随着知识经济不断发展，各个高校在人才方面的竞争尤为激烈。人才是发展的关键，高校需要在人力资源管理创新中不断引入和培养高层次、复合型人才，将其作为人力资源管理能力提升的核心。其次，在人才的聘用中，以工作性质进行层次划分，有创新理念和专业能力的高层次人才应在人力资源管理中担负开发和管理工作，推动人力资源实现现代化的管理标准。人力资源管理质量的提升需要选择多元化的聘用机制，帮助分类管理模式推进。

（二）创设健全的人力资源管理机制

高校进行人力资源管理的目的是提高它的效益和效率，以学校的任务和人才发展的规律为前提条件，采用了科学的方法和原理对学校各级人员进行规划和组织，同时对一些人事关系进行协调和指导。人力资源管理的职能包括教职工的聘用、调配、薪金奖惩和培训福利等内容，它所涉及的内容非常繁杂。在现代化社会中，高校承担着培养人才、创新知识和为社会服务的关键性责任。人力资源管理的效果会影响我国高素质人才的培养。高校需要不断以创新的方式来实现人力资源管理的价值，以较高的综合素质来培养优秀的人才。

在高校岗位的管理中，要构建岗位聘用机制，同时辅助以合同强化管理的效果，通过这两种方式来优化人力资源的配置效果。为了转变传统管理模式中的身份管理方式带来的不足，高校要突破人力资源建设中论资排辈的管理方式，为优秀且有能力的人才提供充分的平台，以保证在创新的过程中高校人力资源管理能够向规范化和专业化方向发展。

高校人力资源管理面向的是全体人员，要通过创新提高整体人员的综合素质，需要对绩效考评建立战略导向机制，推动教职工主动进行自我完善和发展。同时，为强化人力资源管理的地位，来赢得多方人员的支持，高校需要将教职工未来的职业发展和人力资源管理相结合，在高校人力资源创新战略实现的同时,使得教职工的职业发展目标同样也能够得到满足。高校还需要引入符合高校发展的人才激励和竞争机制,始终在创新的过程中坚持公平、公正的原则,在和谐、开放的环境中发挥竞争机制和激励机制的作用,从而为高校人才队伍的建设提供有效的动力。

(三)加强人力资源管理信息化基础建设

信息化建设不仅符合现代化社会的发展需求,而且也是高校人力资源管理创新的有效途径,因此高校相关人员要强化信息化基础建设。首先,要从信息技术的培训入手,高校在职人员要强化信息管理技术储备,不断更新自身的信息管理理念和技术,提升业务能力,熟练掌握当下较为受用的人力资源管理技巧。同时,在现有基础上,高校要不断地引进具有专业能力和先进知识技术的创新人才,优化岗位职责,为人力资源信息化管理的建设奠定良好的基础。要注意的是,高校人力资源管理实现信息化创新模式,需要以当下使用的信息技术体系以及人力资源部门人员的综合素质为前提条件进行技术更新,要保证创新符合实际要求,能够和高校人力资源管理相匹配。其次,为了能够深入发挥信息化技术在高校人力资源管理中的价值,需要做好长期的创新战略规划,从全局出发,以确保信息化创新措施的前瞻性,避免单一和盲目。在这个过程中,高校人力资源部门管理人员要做好清晰的定位,促使信息化创新决策能够实现准确性。另外,为了强化人力资源信息化建设的效果,提升各个数据信息的利用价值,要制定标准统一的信息技术应用流程,整合各个平台的资源,强化部门之间信息的沟通和合作。最后,高校相关领导和各部门之间要给予充分的重视和支持,来帮助高校人力资源针对信息管理的创新建设能够顺利落实。

(四)建立科学创新的绩效考核机制

围绕创新发展的高校人力资源管理要始终坚持以人为本的原则,使考核机制向定量化发展,并且考核的标准要不断进行细化,充分融合专业、素质和水平等多个方面,对教职工进行多角度、灵活性的考察。首先,绩效考核要打破单一方面的考量,避免采用仅关注成绩结果的考核方式,从实际出发,纳入工作环境、办事效果等多个因素。其次,用来完善绩效考核评价的指标体系,细化评价指标,并保证实际的岗位能够和评价指标相匹配。绩效考核具有很强的激励作用,为了能够充分发挥这一功效,不仅要确定激励因素,而且还需要建立灵活的激励手段,使各个绩效考核的结果能够和教职工的薪资福利和职业晋升相联系。综合来说,要以全方位的人才评价体系来改革人事制度,不断发展人才,逐步稳固人才,激发人才的创造力。

人才建设在高校的发展中至关重要,聚集的程度能够充分体现高校的实力。强化人力资源的管理对于高校培养人才具有重要意义。目前,人才的发展向多元化方向转变,高校人力资源管理的强化必然需要进行创新。只有创新才能使高校人力资源管理在顺应社会发展的同时,也可以提升管理的质量和自身的竞争力。

五、"以人为本"理念下的高校人力资源管理创新途径

在高校的人力资源管理工作中,管理者已经高度重视以人为本的工作理念。在人力资源工作中,一些人力资源管理者开始与自身的实际情况相结合,不断探索和创新工作方法。

(一)创新管理理念,从"以事为本"转变为"以人为本"

以事为中心,是传统的高校人事管理的重心,属于行政事务性工作。人的开发与管理,是人力资源的核心。要完成这些工作,就要遵循以人为本的理念。首先,要建立教职工和学校之间的新型关系,与教职员工自身的特点相结合,在人力资源管理中,能够真正落实"以人为本"的理念。人力资源管理工作的

出发点就是教师的利益，重点对关系教师切身利益的突出问题进行解决。比如，遵循学术规律和教育规律，管理教师的学术问题。应充分尊重教师的劳动特长和心理特征，将他们的创造力和潜能最大限度地发挥出来。其次，要完善学校各职能部门和后勤管理的服务机制，转变高校管理和服务部门的职能，建立现代化师资管理模式，突出教师的主体地位。最后，转变管理工作的思维方式和工作方法，将传统的行政型和经验性管理向规范化和标准化的管理转变。

（二）创新管理机制，合理配置人力资源

在以人为本的理念下，高校为了做好人力资源管理工作，需要与现阶段市场环境相结合，优化配置人力资源。首先，优化和完善教师队伍结构，确保高层次的人才具有更加合理和科学的职称和年龄比例。同时，高校还要不断地调整和优化师生的比例，使得专职教师的队伍能相互匹配和有机协调学生的数量，由此不断提升高校的教学效果和教学效率，以科学合理地利用人力资源。其次，进一步优化人力资源结构，主要涵盖行政人员、教学员工和后勤人员。高校应不断优化和调整这些人员的结构，在配比上对教学科研人员更加重视，通过加大教学人员的比例，保障高校工作的高效运转。再次，建立完善的绩效考核机制，全面考核教职工的工作水平，从物质上和精神上，给予那些具有突出贡献、工作认真负责的教职工一定的奖励，使他们能在工作中再接再厉，促进自我工作水平和工作效率不断提高。高校要建立完善的考核指标，在对中青年教师的考核指标进行设定时，需要对教学与科研进行科学的配置；制定完善的奖罚措施，根据工作效率和工作质量，全面考核行政管理人员和后勤管理，将激励的作用全面发挥出来。最后，针对行政管理队伍，在遵循以人为本的前提下，对于精英选拔制度充分地贯彻落实，要将一些冗余的人员减掉，对大批优秀的高级管理人才进行培养。

（三）制订人才资源开发和管理的长远规划，完善人才引进机制

高校人力资源管理应遵循以人为本的理念，进行合理的目标定位。通过有机结合人才培养、引进和管理等环节，对战略性的人才管理的长远规划进行制订。新经济知识时代的到来，人才需求的层次越来越高。高校必须拥有超前意识，与学科建设相结合，做好人才的规划、吸收和培养工作，以形成人才建设的良性循环，促进学校整个师资队伍和结构水平的提升。同时，高校还应立足于长远规划，培养中青年骨干教师，以不断延续学科优势。

首先，为了保障人力资源管理队伍具有较高的学历，高校应将人才引进的门槛进一步加大。同时，在招聘的过程中，高校还需要高度重视应聘者的教学能力和科研能力；并且与学科和岗位的具体特点相结合，向应聘者提出不同的标准与要求，如果人才特别优秀，可适当地降低对应指标的要求，以便使高校高级人才的储备更加丰富。其次，高校还要遵循公平和公正的原则进行招聘，以防发生凭借裙带关系而成功应聘的情况。最后，为了能真正共享教师教育资源，在保证拥有足够专业教师的前提下，还应加强与其他高校的合作与交流工作。高校应积极聘请其他高校优秀的教师兼职本校工作，不断壮大高校的师资队伍，以促进师资队伍水平的全面提升。

（四）充分重视人力资源的开发与培训

作为培养优秀人才的摇篮，高校的人力资源管理的作用不容小觑。当前，随着社会经济的迅猛发展，各种新知识和新技术层出不穷。为了培养更多优秀的人才，与时代发展相顺应，高校就要对人力资源的培训作用高度重视。首先，就是要制定完善的培训目标，以定期组织和开展培训工作，使不同岗位的教职工都能够接受相关的培训教育。其次，高校要合理选择培训人员，可以聘请具有丰富经验的一线教师和管理人员，或者从校外聘请优秀的专家，来负责不同

岗位人员的培训工作。高校应将中青年教师作为培训的重点对象。同时，高校要采取探讨的方式与高层次的人才开展培训活动，使他们能拥有更多的创新理念；另外，要注重培养行政人员和后勤人员的服务能力和工作能力，将培训的作用充分发挥出来，这样才能为高校各项工作的开展提供保障。

在高校人力资源管理工作中，应遵循"以人为本"的原则，努力营造一个具有和谐人事关系、优越科研条件、优良学风和宽松政策的软环境，高度重视人才，尊重知识；牢固树立"以人为本"的管理思想，可以将工作的重心放在合理利用和配置人才方面；建立高效的激励机制，将员工工作的积极性充分调动起来；强化对教职员工的培训管理，促进培训实效性的增强；运用规范化和科学化的人力资源管理方法，建立"以人为本"的现代高校人力资源管理制度，以促进高校人力资源管理工作的顺利进行。

第三节　知识经济与高校人力资源管理

网络技术的广泛运用和经济全球化的快速推进正在逐步改变着经济发展的潮流，信息时代的到来也意味着知识经济的到来。要在知识经济社会中立于不败之地，就需要不断地丰富知识。高校的人力资源管理影响着当代大学生的培养，只有采取合理、有效的人力资源管理策略才能促进大学生知识技能的提升，从而可以适应知识经济社会的发展。

一、知识经济与高校人力资源管理

（一）知识经济的简要阐述

知识经济是与农业经济、工业经济相对应的一个概念。知识经济以知识等无形资产为基础,农业经济和工业经济以物质等有形资产为主,对能源、原材料、劳动力有很强的依赖作用。早在1996年,经济合作与发展组织(简称为经合组织)就对知识经济做了较为明确的规定,知识经济即直接依据知识和信息的生产、分配和使用而建立的经济。

(二)知识经济对高校的人力资源提出新要求

首先,在师资力量配备上,应该提高标准,以适应知识经济环境下以知识密集型企业为主的用人要求;其次,可以加强对学生创新思维、多角度思维的培养,提高学生创造力水平,使其能够更好、更快地融入社会。而这些都离不开加强对高校人力资源的管理,需要教师和学生共同努力。

二、科学、有效地进行人力资源管理

(一)建立科学的人力资源管理制度

在知识经济的大背景下,高校要科学、有效地进行人力资源管理,就需要在人力资源的方方面面制定出条款办法。首先,建立健全高校教师的聘用机制,不再只以文凭问英雄,多观察应聘教师的思变能力和创新能力,将其作为新教师考核的重要依据;其次,对于已经入职的教师应该加强培训,增加其知识素养,让其能够学习到更加丰富多样的教学方法和教学手段;最后,要对教师造成危机感、紧迫感,在职称评价中,不仅仅注重教师的教龄、学历,而且还应该对教学效果做出客观的评价,使其成为职称评价的重要依据。对于长期不作为的教师,可采取辞退处理措施。

(二)以人为本,以学生为本

高校要摆正自己的定位,要为社会源源不断地输送现代高素质人才,而不是一味扩招,将大学变成"生产线"。所以,高校首先要停止大量扩招,对学校的教师资源进行综合考核和评定，将教学资源与学生相联系，让高校的人力管理制度更好地发挥作用，让每一个学生都能受到良好的教育，让教学资源能够得到合理分配。

（三）吸收其他高校先进的人力管理经验

高校要积极吸收其他高校先进的人力管理经验。例如，高校在进行人力资源管理时，应首先对人力资源管理策略做出长远的规划，将人才培养、教师培训与教师、学生管理结合起来，根据学校的发展定位、发展方向做出战略部署，从一个长远的角度来分配人力资源。同时，高校应对全校教师的年龄结构、学历结构和职称结构等进行统一登记与分析，以确保资源的合理配置，真正发挥人力资源的重要作用。因此，高校可以学习并借鉴这些管理模式，充分发挥出人力资源的优势。

在知识经济的大环境下，知识发挥着促进社会进步、促进经济发展的重要作用。高校为社会输送高素质人才，管理的优劣最终都会反映到人才质量上来。要想让大学生适应社会发展，就必须对高校的人力资源管理上的漏洞进行综合整治，不断建立健全的高校人力资源管理体系，发挥人力资源管理的作用，让高校的资源都能得到合理配置。

第四节　高校人力资源管理文化建设

随着知识经济逐渐发展并深入人心，人力资源作为核心生产力在"人才的摇篮"——高校的管理文化建设逐渐得到了重视。

高校是我国培养社会发展所需人才的储备地、重要阵营。高校在人力资源管理方面的建设现状，往往影响着高校的人才培养质量。高校人力资源管理及其文化建设有着重要的地位与实际研究价值。

一、高校人力资源管理文化建设概述

（一）高校人力资源管理文化的内涵

高校人力资源管理文化是管理文化的一种，不仅具备管理文化的共同特征，而且也具有自身的独特性。需说明的是，这里所说的高校人力资源管理文化内涵偏向于独特的文化结构和性质，并从微观和宏观两个领域对其特性和建设策略进行了探究。

（二）高校人力资源管理文化的结构

高校人力资源管理的内容不是单纯的人力资源结构，还上升到了文化层面上，通常来说包括以下三个方面。

1. 物质层

物质层是第一层次，是高校人力资源管理文化的基础，体现在理念、作风和主导思想等方面。例如，如果教师个人比较喜欢的绿色盆栽，就可以有效改善教师的办公环境，让教师身处于绿色、自然的物质环境中，可以更容易受到良好文化的熏陶。

2. 制度层

制度层约束着工作人员的行为，让高校对教职工的要求得以体现。例如，在教师年度考核问题上，高校往往设置与之相关的制度，以逐步规范教师的职业行为。另外，年度考核制度也有效激发了教师的工作积极性，在一定程度上促进了高校教育教学质量的提高。

3. 精神层

精神层是建设人力资源管理文化的重点，是高校人力资源管理文化形成程度的有效衡量标准，通常表现在教师队伍精神风貌、教师工作和发展目标、教师职业道德等几个方面。

（三）高校人力资源管理文化的特征

1. 兼施性

人力资源管理文化对高校教职员工的约束作用，不仅通过管理制度体现出来，而且还借助社会主义核心价值观对他们产生熏陶和引导的作用。在制度与文化软约束双重作用之下，人力资源管理文化得以逐步完善。

2. 持续性

对于高校来讲，人力资源管理工作具备长期、持续、连贯的特征，不会因为问题波动影响发生停滞。这种文化会伴随周围环境的改变而变得更加充实。如果一味需求封闭，会让思维变得更加僵化，不利于人力资源管理及文化的形成。

二、高校人力资源管理文化建设路径探析

（一）建立健全约束机制和提高流程的规范性

例如，每日更新相关教职工的工作状态、由月例会改成周例会、向服务对象许下限时满意的答复和办理的承诺、推出"微笑服务"管理机制等，促进教职工的服务水平和质量的提升。这有助于我国高校人力资源管理文化的有效建设，而且还能在一定程度上推动我国相关行业的规范化发展，还能促进社会、科技、文化等多方面的快速发展。

（二）培育社会主义核心价值观深入人心，指导思想开展具体的工作与生活

例如，开展提供"微笑服务""亲情服务"等，加强对高校人力资源管理文化的建设与社会主义核心价值观的认识。除此之外，教职工还须重视对细节方面的认识，将管理的内容和标准逐步细化，在实际工作中有效落实每项任务。

高校要想提高核心竞争力就需要将人力资源管理文化建设提升到一个新的高度。

第五节　高校人力资源管理信息化建设

目前，我国大部分高校都使用了人力资源管理信息化系统，而且还取得了不错的效果。随着信息化技术的深入发展，我国高校也在不断加大人力资源管理信息化建设的力度，希望能够推动我国高等教育事业进一步改革。

一、高校进行人力资源管理信息化建设的重要意义

随着信息化技术的深入发展，高校人力资源管理受到了一定影响。在当今时代，互联网信息技术成为每个人学习、生活和工作不可或缺的部分，也可以成为人力资源管理者进行人力资源管理的一种主要工具。将互联网技术应用到高校人力资源管理中，能够打破时间、空间的局限性，将高校职工和领导者紧密联系在一起，提高人力资源管理的效率，能够降低人力资源管理的成本费用。由此可见，高校进行人力资源管理信息化建设是提高人力资源管理水平、满足高校人力资源管理发展的必然需求。

此外，高校进行人力资源管理信息化建设具有以下重要意义：第一，减少人力资源管理者的工作量，提升他们的工作效率。人力资源管理者运用互联网信息技术，在数据采集、数据确认和数据更新上能够节省时间，保证了数据的真实性，减轻了他们的工作负担。第二，有利于高校管理者科学、高效、便捷地完成管理工作。当人力资源管理信息化建设完成之后，高校管理者可以随时随地查阅教职员工的动态信息、人力资源配置和绩效情况。同时，教职工也可以通过系统查看学校的规章制度、通知、自己的薪资情况等。第三，人力资源管理者可以快速处理数据，进行数据整理分析，保证人力资源管理的公正性和

公开性。尤其是在涉及个人利益的职称考评时，人力资源管理者可以根据真实、可靠的数据信息进行评定。

二、高校人力资源管理信息化建设研究存在的问题

目前，我国大部分高校都已经进行了人力资源管理信息化建设研究，我国人力资源管理信息化建设研究仍旧有待创新。第一，高校人力资源管理信息化建设研究起步较晚，基础比较薄弱，信息化建设研究慢。大多数人力资源高校管理人员仍旧将工作重心放在人事管理上，不注重对人力资源数据信息的参考应用，信息误导现象严重，信息集成度较低，难以充分利用人力资源数据。由此可见，我国高校人力资源管理的信息化建设研究仍面临很多挑战因素。第二，高校人力资源管理信息化建设缺乏有力的支持。高校管理层对人力资源管理信息化建设研究工作不够重视，再加上人力资源信息管理软件产品的自主研发和购买都需要大量资金，高校难以为其提供有力的资金支持。第三，高校人力资源信息化管理的软件产品质量参差不齐，存在软件产品不规范、生产厂家资质不合格等一系列问题。某些软件厂商的软件产品只满足了自身销售的要求，并未全方面考虑高校的人力资源管理要求，进而导致了产生人力资源软件产品与高校人力资源管理需求不匹配的问题。

三、高校加强人力资源管理信息化建设研究的有效策略

（一）做好高校人力资源管理信息化建设的准备工作

高校在进行人力资源管理信息化建设的研究工作前，一定要预先做好准备工作，充分衡量高校是否具备人力资源管理信息化建设的条件。

第一，高校应针对本校人力资源管理建设现状来进行分析，并在此基础上

做好人力资源管理信息化建设的规划。人力资源管理信息化建设规划应满足适用性、渐进性、配套性和可实施性原则,千万不能脱离实际,幻想一步到位。如果规划与实际情况相脱离,那么就是一纸空谈、毫无作用。应用这样的人力资源管理信息化建设规划,不仅会增加高校人力资源管理的成本,而且还会拖延实行时间,影响人力资源管理工作的进展。由此可见,高校人力资源管理信息化建设是一个缓慢、循序渐进的过程,随着实际运行不断调整和变化。因此,高校千万不要急于求成,应该在实际情况的基础上,一步步地实施人力资源管理信息化建设规划。

第二,高校应注重人力资源专业人才的储备培养。专业人才的储备培养不仅基于技术要求,更基于管理要求。高校人力资源管理信息化建设工作是一项长期且复杂的工作,需要由专业管理信息化人才实施和开发。因此,强化高校复合型人才的储备培养至关重要。在培养复合型人才的过程中,既要注重培训人力资源管理系统操作和人力资源管理设备应用技巧,还要注重培训人力资源管理经验和理论知识;同时,还应培养复合型人才的创新能力、环境适应能力和自主学习能力。只有具备这样的能力,高校人力资源管理者在未来人力资源信息化建设管理工作中才能迎难而上、及时适应岗位工作,不断提升自己。

(二)构建全面的人力资源数据库系统

高校必须构建满足自身人力资源管理需要的数据库管理系统。通过数据库管理系统,高校可以收集、处理、储存、更新、应用高校内部的人力资源数据信息。所收集的数据信息主要包括三大类,分别是人事数据信息、教学信息和学术成果信息。构建步骤分为以下三步:

第一步,选择数据库架构。当前我国大部分高校使用的数据库框架结构为C/S(客户机/服务器)结构、B/S(浏览器/服务器)结构及C/S、B/S混合结构三种。B/S结构通用性比较强,任何浏览器都可以使用;C/S结构相比于B/S

结构的通用性没有那么强，需要通过专用软件服务器实现数据系统功能，受到地域限制因素比较强，但基于这一结构设计出来的人力资源数据库系统操作界面个性鲜明、反应速度快；C/S、B/S混合结构结合了两种结构的优点，应用这一结构，既能够提高人机界面的操作性，简化步骤，还便于用户远程登录使用。第二步，确定人力资源部门的业务需求。在对人力资源部门进行业务分析之后，可以明确人力资源部门的功能模块，然后在这些模块的基础上设计数据库。第三步，拓展信息收集渠道。例如，从教职工档案、各类文件、教职工自我反映信息资料中收集信息。收集完成后，将数据信息整理入库。从构建数据库的步骤可以确定高校人力资源数据库系统设计的内容，包括个人基本信息、职务履历信息、学历信息、职称信息、技能等级信息、奖惩信息、人才信息、证书信息、培训信息、护照信息、家庭信息和其他信息等13个界面。

高校构建的数据库系统还应具备以下功能。

第一，数据信息共享、跨数据库查询和统计功能。也就是说，可以通过人力资源数据库系统，人力资源管理者可以对教职工的数据信息进行查询和数据维护，能够统计发生变化的数据信息。

第二，具备与办公文档工具相互接连的功能。

第三，具备可扩充性功能，也就是指建立的数据库系统能够在任何时间和任何地点添加、更新数据信息，最大限度地避免出现数据信息滞后、数据库信息匮乏等问题。

第四，具备异库转换功能，所构建的数据库系统应采用C/S、B/S的混合结构，应用这一结构对信息化系统各个模块之间的数据进行相互转换。

（三）构建校园网，加强数据规范管理

目前，我国大部分高校都构建了校园网。校园网具有可靠性、安全性和便捷性等特性，能够满足各个部门传输数据信息和数据信息共享交流的需求。高

校应该加强校园网构建，同时，还应加强数据信息的规范管理。首先，应该加强对基础数据信息的管理，具体包括员工就职经历数据信息、考勤数据信息和薪酬数据信息等，保证数据的真实无误。其次，加强高校基本业务数据信息的管理。最后，做好人力资源数据库的优化工作，具体从数据库逻辑结构优化、结构化查询语言优化两方面开展。从数据库逻辑结构方面来看，将数据文件信息和日志文件信息进行系统分布，对提升数据库性能非常重要。此外，高校应对各种存储表进行规范管理，将两个相互关联的表放在不同的物理存储设备或者使用结构化查询语言分区技术将大表进行分割管理，这种数据分离的形式能够优化数据库性能。尤其是对高校人力资源数据库系统而言，数据信息不断增加、访问量比较大，严重影响了数据库的运行速度。通过这种"使用分区"方式，将大表进行合理的分区，当表和索引变大时，可以通过数据自动分区的方式来提高数据库管理系统的运行速度，既能节约数据库的存储空间，又能节省数据查询时间。从结构化查询语言优化来看，可以优化算法结构的简单化方式，也就是在查询语句设置时，尽量设计简单的算法结构，尽可能限制结果集行数。同时在对字段进行表达式操作时，如果可以最好不要使用即时通信软件查询语句，这在一定程度上避免了数据搜索引擎通过索引对数据库中所有数据进行查询扫描的情况。

在大数据时代，信息化技术被广泛应用于各个领域，在人力资源管理这一方面也不例外，传统的人力资源管理方式已经无法满足当前人力资源管理的发展需求。在高校人力资源管理中，通过人力资源管理信息化建设，使用高效、便捷的人力资源管理系统，能够有效促进高校人力资源管理的进步，促进我国高等教育事业的发展。

第四章 高校人力资源管理模式

第一节 高校人力资源管理模式与发展方向

当下,高校的人力资源管理模式面临着巨大的挑战。人力资源的发展速度较为可观,然而在社会竞争力日益增长的今天,进行人力资源管理的方式成了当下较为重要的问题。合适的人力资源管理模式能够提高高校在社会竞争中的竞争力,帮助高校吸收较为优秀的人员,有利于高校稳固发展。

一、支持高校建立人力资源管理的观点

(一)加强高校人力资源管理的竞争力

随着社会经济体制不断地改革和发展,越来越多的高校出现在教育行业中。在这种情况下,怎样才能够保证高校顺利、稳固地发展已经成为当下高校必须面对的难题。人力资源管理制度的建立能够帮助高校将教师的潜能激发出来,并且将教师的能力尽可能地发挥出来,这样不仅能够帮助高校发挥出最大的效益,同时也提高了高校在社会中的竞争力。竞争力的增加也能够刺激教育行业的发展,能够激发高校人力资源管理模式发挥最大的效益。在激发人力资源管理模式的过程中,教师的教学效率潜力也得到了一定的激发,这对提高学生的学习效率是非常重要的。教育质量的提高也使得人才的质量得到了一定的提高,这对人才的培养具有积极的作用。

（二）帮助高校吸收人才

当下社会竞争压力逐渐增加，使得高校对人才的吸收变得十分重要。由于现在人才的稀少，当下高校对于人才的需求也相当大。只有吸收了较高素质的人才，才能够使得高校的效益最大化。高校才能够在社会的竞争中保持优势的地位，以免在竞争中被淘汰。高校建立人力资源管理来帮助高校吸收更多、更好的人才，良好的人才管理制度能够吸引较多的人才，使得这些人才能够成为高校稳定发展的重要保障。现如今，整个社会都急需人才。高校如果能够吸收质量较高的人才，再结合自身的人力资源管理模式，将会有非常可观的发展前景，也能够在一定程度上促进人力资源的发展并且能够提高高校的管理水平，这对于整个社会制度的改革也是非常有利的。

（三）完善高校的教师管理模式

在高校的管理模式中，教师管理模式具有重要的影响作用。但是，目前高校的教师管理模式还存在着很多需要进行改进的部分。高校的较为完善的管理模式将会大大提高教师的积极性。在人力资源管理中，教师管理能够激发出教师在教学工作中的最大的潜能，这对于高校整体管理水平的提高具有积极的影响作用。高校在建立人力资源的过程中能够使得教师管理成为管理模式的一部分，这一部分将会对高校的管理模式带来一定的影响。只要能够采用适当、合理的方式，人力资源管理将会给高校的管理带来非常积极的影响，进而能够稳固高校当前的优势，将教师的工作效用最大化，才能让高校能够长久、稳定地发展下去。

二、高校建立人力资源管理的过程中需要改进的部分

（一）高校对人力资源管理模式的了解欠缺

高校对人力资源的管理模式的认知还较为肤浅。大多数高校对教师都只进行绩效评价，往往只关注教学质量与物质之间的关系，却忽视了一些其他的精神需求，这在一定程度上降低了高校的管理水平。教师在教学过程中注重的不仅仅是物质需求，更重要的是自我价值的实现。在这个实现自我价值的过程中，教师更需要一些精神上的支持和鼓励。除此之外，高校对教师的关注仅限于课堂教育的成效，这不能从根本上抓住教师全心全意工作的心，这样对于高校的管理效用是有消极影响的，长此以往对于高校的发展也会产生一定的负面效应。

（二）人才培训管理模式选取不恰当

如今，在选择人才培训管理的过程中，大多数高校一味地采取较为新鲜的培训管理模式，往往忽视了高校自身的需求。高校盲目地选择人才培训管理模式，使得高校在进行人才培训的过程中不能发挥人才的最大效用。高校人才在质量方面存在着一定的多样性，不恰当的人才培训管理会使得高校人才不能发挥出自己的优势，进而会影响高校整体的办学效率。除此之外，部分高校选择的人才培训的内容不能跟上信息时代的步伐，使得高校人才的效用产生了停滞。人才培训内容和方式的不恰当都会影响高校人才效用的发挥，进而能够影响高校的人力资源管理水平，这对于人力资源管理模式在高校中的发展是非常不利的，对于教育事业的发展也具有消极的影响。

（三）人力资源管理在高校中的应用较为模式化

目前，各个高校所采用的人力资源管理模式都是较为模式化的。高校在引

进人才的过程中，未能严格地规划高校对人才的需求；在进行教师审核的过程中也较为敷衍，不能吸引真正能够为高校带来效益的教师。除此之外，高校人力资源管理中绩效评价模式也较为传统，教师对绩效评价的不满意很容易影响教师在教学过程中的心情，进而影响教学效率，这对于学生的学习效率是不利的，同时也不利于高校的长期发展。

三、高校人力资源管理模式的完善计划

（一）选取恰当的高校人才培训管理方式

在进行人才培训管理的过程中，高校选取恰当的人才培训管理制度是非常重要的。正确的人才培训管理方式对于人才综合素质的提高具有重要的影响作用。在选取人才培训管理模式时，高校不能仅仅采用较为先进的人才培训管理模式，更重要的是要结合高校自身已有人才的特点，来选择适合自己的人才培训管理模式，这样才能够确保人才培训模式为高校管理带来效益。除此之外，人才培训的内容也很重要。在选取人才培训内容的过程中，应该尽量选取较为先进的相关知识，这样才会保证教师能够接触到最新的知识，从而结合自己的学生的特点，建立适合自己的教学方式，大大提高教学效率，同时还能提高学生的学习效率。

（二）对人力资源管理模式进行完善

改革现有的人力资源管理模式对于现在的高校是很有意义的。在改革的过程中，最重要的是高校要结合自己学校教师的特色，以创建适合自己学校的高校教师绩效考核制度。较为落后的教师绩效考核制度会使得教学效率、管理效率等产生一定的滞后性，这种滞后性对于高校在社会中的发展具有消极作用。将较为先进的教师绩效考核制度应用到高校的人力资源管理的过程中能够缓解

这种滞后性。这种滞后性的缓和能够为教师绩效考核制度的建立带来新的发展前景。好的教师绩效考核模式不仅能够帮助高校稳定地发展，更重要的是能够提高教师的工作积极性，进而提高教师的教学效率，这对于教育事业的发展具有积极的影响作用。除此之外，高校在进行人才吸收的过程中应该严格按照自己的需求进行招聘，这样才能够保证教师质量。

人力资源的发展随着社会制度的改革和进步不断地发展，高校的管理水平也相应地在增加。在这种情况下，高校怎样才能够稳定地发展成了现如今高校较为关注的焦点。随着知识技术的提升，越来越多的管理知识已经能够被运用到人力资源管理的过程中。然而，这种管理模式的发展并不能保证管理水平的提高，有了好的管理模式也必须有高质量的人才，因此人才的吸收对于高校来说也非常重要。现如今，高校的人力资源管理模式有了一定的进步，这提高了高校自身的竞争力，也能够帮助高校吸收高质量的人才，并且能够促使高校建立健全自身的管理模式。然而，现在的人力资源管理模式推广还面临着知识浅薄、培养方式不恰当和人力资源管理模式较为落后等问题。高校应该通过分析这些问题，积极地采取应对措施，这样才能够提高高校的管理水平，让高校人力资源管理的效益最大化。

第二节　高校教师人力资源管理模式的创新

高校教师是培养专门人才、研究高深学问的主体，是推动高等教育发展的主要动力。高校教师人力资源管理是高校发展的重要工作。

在知识经济高速发展的时代，具有创新精神的人才已经成为推动国家发展的重要动力。高校作为培育该类人才的重要摇篮，需要不断提升人力资源的培养质量。创新人力资源管理模式、完善人力资源管理制度是提升高校核心竞争力的有效途径。当前我国的高校教师人力资源管理还存在着诸多问题，在一定程度上约束了高校的整体发展，高校教师人力资源管理模式亟待创新。

一、高校教师人力资源的特性分析

高校是智力型人力资源集中的场所。高校教师人力资源是指具有体力劳动能力和智力的特殊的人力资源，具有推动高等教育事业发展、培养社会专业人才的重要作用。在高校教师人力资源管理中，只有掌握高校教师人力资源所具有的特性，才能对高校教师人力资源管理进行科学合理的开发与管理。

（一）高校教师具有强烈的主观能动性

由于高校教师的结构层次较高，他们在工作上有更多的选择条件和机会，存在着更高层次的需求。他们具有较强的自我意识，比较追求自主性劳动，希望通过一种具有创造性和挑战性的工作来体现自己的存在价值。高校教师行为动力主要是来源于个体的感觉需要，由于他们从事的是具有创新性的工作，工作中的成就感与外界的尊重对促进教师能力的提高具有重要作用。在高校教师人力资源管理中，要充分尊重教师的自主性，行政部门应为教师做好服务工作。

（二）高校教师具有创新性

创新是人类发展的不竭动力，人力资源的创新能力是高校发展的源泉。高校教师具有教书育人与科学研究的双重任务，在工作中要兼顾教学与科研相互促进；在教学上，会不断进取，勇于探索，进行一系列创造性的教学活动，以培养合格的大学生。在完成教学任务的同时，高校教师还要潜心进行学科领域中前沿理论的研究，更需要创新。教学和科研的创新须有机结合，以教学带动科研，以科研促进教学。高校教师人力资源管理应建立科学、规范的管理制度，鼓励广大教师进行教学和科研的创新性研究。

二、我国高校教师人力资源管理模式存在的主要问题

随着高校办学理念、人才培养和教育管理等方面的不断完善，高校教师人力资源管理水平也在不断进步，取得了一定的成绩与经验，但是在管理模式上的问题还比较突出，制约了教育质量和办学效能的提升。

（一）教师人力资源管理的观念相对滞后

我国的高校管理机构设置是计划经济体制时代的产物，高校现行的运行模式以行政化组织原则为导向，在高校管理模式中，行政权力居于中心地位。行政部门既负责管理性事务，又过多主导学术性事务。从当前我国高校教师人力资源的管理现状来看，对教师人力资源管理的认识还不够科学，没有反映出"以人为本"的理念，在管理中还未脱离计划经济思想的束缚。在高校中，教学管理部门人员数量占高校总人数的比重较大，且受行政化主导影响。行政管理人员以管理者自居，而教师却处于被管理的境地。管理者本应该是为教师提供教学服务、解决其后顾之忧的角色，但在现实中完全没有体现出管理者的服务意识。

（二）高校教师人力资源管理的制度不够科学规范

在高校教师人力资源管理中，要全面、科学地设计招聘、培训、职务晋升等制度，为教师创造良好的成长环境。如果没有健康的制度做保障，教师的发展很难达到最优化。

目前，我国高校教师管理制度中的招聘、培训、职务晋升等方面都存在着制度缺陷。第一，招聘制度过于注重学历而轻视能力。很多高校在选聘人才时，将学历、毕业院校和科研成果作为主要条件，而对教师的职业道德修养、科学文化素养、教学水平等有所忽视。从长远来看，这对高校人力资源的协调发展

不利。第二，在教师培训制度方面缺乏整体规划。目前，我国高校教师管理工作往往重引进，轻培养；重拥有，轻激活；重使用，轻开发；重专业，轻技能与品德，严重影响了人力资源的利用效率，加剧了高层次人才的流失，是制约教师教学水平与科研能力提升的主要因素。由于很多高校对人才缺乏正确的认识，在招聘时开出优厚的条件吸引人才，但教师在入职后基本靠自我成长。教师入职后的岗前培训多以传统的集中学习教师相关法规的形式进行，满足了多数人在短时间内完成统一培训的需求，达到了培训规模和效益的最大化，却忽视了不同类型教师和不同年龄层次教师的多样化和个性化需求，也制约了培训模式多元化的发展。同时，在教师自我成长过程中，其自发的个体培训需求多为功利性的培训，主要是为了满足高校在职称评定和职务晋升方面的规定，而不是以提高自身的教学与科研水平为出发点。第三，职务晋升制度重量而轻质。专业技术职务晋升是教师成长的主要平台。高校的一般做法是将个人业绩、教学工作量、教学研究成果和科研成果进行量化，以分数作为衡量的主要标准。这样就形成了教师为职称评审拼凑材料、累计分数等现象，不注重项目和论文的完成质量，不利于高校教师整体队伍建设。同时，许多高校在管理制度上"评聘不分""一聘定终身"的观念还占主导地位，教师的教学与科研都是以评定职称为目标，不再追求教学与科研的进步与提升。

（三）高校教师人力资源管理的激励机制尚不健全

在当前的高校教师人力资源管理中，科学、规范的激励机制和绩效考核是促进教师不断进步的重要手段。由于现行高校教师人力资源管理工作缺乏行之有效的激励机制与绩效考核办法，导致了教师师德建设的落后和整体素质的降低。第一，在激励与评价目的上，过于注重结果的区分，而轻视了本身的促进意义。为了激励教师不断加强自身教学水平与科研能力，高校应采取各类评价来促进教师成长。但在实际操作中，常常会出现将以评价作为目标，完全忽略对教师的教学能力与科研水平具有实质意义的内在价值评价,对教师的成长与发展造成功利性导向,使教师缺乏内在提升的动力。第二,在评价主体上,重外在评价、轻自我评价。我国高校教师评价与考核所采取的方法主要是以外在评价为主,评价主体包括上级领导、教学专家、单位同行和所教学生等,还没有将教师自我评价纳入评价与考核体系中。在评价结果中,外在评价虽然较为客观、易取,但评价的目的不仅仅在于获得谁优谁劣的结果,其根本目的是激发教师向更高层次提高。因此,在评价体系中,应将教师本人纳入评价主体中,将外在评价与自我评价有机结合,让教师对自身有合理的认识,以便为下一步成长明确方向。第三,在评价内容上重视科研能力,而忽视教学能力。在学校发展层面,高校将科研实力作为学校实力的主要指标。学校的声誉和资源主要由科研水平决定,高校评估与评价的指标体系也主要由科研成果组成,这致使各高校为了生存和发展,将学校建设的重点放在科研上,各类评优选先、职称晋级等管理制度将教师的科研能力置于首位。在这种制度导向下,教师个人将努力的方向定位于搞科研,而将教师本职的教书育人工作置于次要位置,特别是各个高校职称评审主要看教师的科研成果量化成绩,论文、课题与获奖在职称评审中占据决定性作用。教师受制度上重科研、轻教学导向的影响,不重视自己教学水平的提高。同时,受科研成果量化的影响,教师的科研成果也是重量轻质,没有达到以科研促教学、提高学术质量的目的,这也是与高校的使命不相符的。

三、创新高校教师人力资源管理模式的路径

(一)树立以人为本的高校教师人力资源管理观念

观念决定思路,思路决定行动。创新教师人力资源管理,创新观念要先行。第一,高校要树立以人为本、人才资源为第一资源的理念。高校在招聘人才时,

不仅要受限于学历、毕业学校等条件,还要打破常规去挖掘、选拔和培养人才。在培养人才的工作中,营造尊重知识、尊重创造的学术氛围,为教师提供发展的环境和空间。高校正确对待教师的长处与不足,尊重教师的个性特点,激发其发挥优势。第二,高校要树立人才协同创新观念。协同创新就是指要充分调动各方面的创新资源,以知识增值为核心,通过突破高校、企业、科研院所、政府、金融机构等多元创新主体各自的体系,使各主体之间协同互动,最大限度地开发智力资源。在教师协同创新体系中,可以将不同院校、科研院所、培训基地等调动起来,建立不同机构之间的考聘制、兼职制、特聘制等,打破人才只为所在单位所有的思想,提高人才的流动性。高校之间可以通过协同创新来提升广大教师的创新能力,使科学研究、人才培养、科研服务等各项事业得到协同发展。第三,高校要将行政主导转变为以教师为中心的理念。过去的高校教师管理强调行政部门管理一线教师采用管理与被管理的模式,容易使教师产生消极抵触的情绪,对学校的改革措施只是执行,缺乏认同与参与感。新时期的教师管理工作不同于一般的行政管理,高校要以人才资源战略指导教师人力资源管理。行政部门要为一线教师提供服务与保障,而不是下达命令要教师执行,而是要让教师完全发挥教学、科研的优势,将主要精力投入到教书育人、科学研究的工作中。

(二)建立科学规范的高校人力资源管理制度

第一,教师人力资源规划要以高校发展战略为基础,再根据高校长期发展战略,科学地预测和分析高校在未来一定时期内的教师供给与需求状况,从而制订相应的教师招聘计划、教师开发计划、工资福利规划、职业发展规划等,以保证学校在适当的时间和在一定的岗位获得所需人才的数量与质量。第二,强化教师岗位规范建设。岗位规范建设包括岗位分析和岗位评价两项主要工作。岗位分析是对岗位构成要素进行研究和界定工作的,内容包括岗位描述和岗位任职条件两个方面。教师岗位分析工作的重点是建立教师岗位胜任素质模型，包括专业知识、专业技能和心理素质等要求。岗位评价就是要根据不同教师岗位的岗位职责、任职条件和岗位特征等因素，对大学所有教师岗位的相对价值进行分析和判断，以作为岗位薪酬体系的基础。教师岗位规范建设是高校教师人力资源管理的基础工作，是高校教师打破身份管理、建立岗位管理的最基本任务。第三，建立科学、合理的人力资源招聘制度。这一制度包括招募、选拔、录用、招聘评估等。所有环节都要引入现代人力资源管理的理念和方法。其中，选拔是主要的、关键的一环。教师选拔包括履历表初选、面试、笔试、心理测评等主要选拔方式。高校必须引入教师全员岗位聘任制度，高校的人力资源管理者必须掌握现代招聘理念和招聘技巧。第四，建立科学、合理的教师人力资源培训开发制度，包括培训需求评估、培训计划制订、培训计划执行、培训效果评估等。所有过程都要贯彻现代培训理念和方法。同时，高校还要建立完善的教师个人职业生涯规划制度，要在研究大学特点和学者成长规律的基础上来建立个性化的教师职业开发制度。

（三）健全高校教师人力资源管理考核和激励机制

第一，建立科学的教师人力资源绩效考核机制。在考核内容上，高校教师绩效考核要遵循高校教师知识工作的特点，以工作质量为核心，兼顾工作量、工作能力、工作方法等方面的考核。在考核方法上，要坚持学术计量和同行评价相结合的原则。在考核程序上，要依照公正性、规范性和科学性原则，坚持自我考评、上级考评、同行考评等环节，在教学上，还要加强学生评教环节。教师绩效考核的结果要与教师年薪挂钩、与教师职业生涯发展挂钩。第二，完善教师薪酬体系，建立科学、合理的教师激励机制。高校要在科学的岗位评价基础上建立合理的岗位工资制度，在教师能力评价基础上建立合理的技能工资制度，在科学绩效考核基础上建立合理的绩效工资制度，由此可以进一步完善教师岗位技能绩效工资制度，并在岗位技能绩效工资制度基础上探讨实行教师年薪制。在完善物质激励的同时还要探讨其他激励制度，如荣誉激励、晋升激励、培训激励和环境激励等。

总之，高校要用创新的思想理念、科学规范的管理制度、公平合理的激励机制来开展教师人力资源管理工作，正视当前高校教师管理工作存在的种种问题，以全新的理念与方法开发教师资源、组建师资队伍，充分发挥高校人才资源的效益。

第三节　高校图书馆人力资源管理模式

从国内多数高校图书馆管理现状来看，人力资源管理均是一个弱项。在具体工作中，高校应当积极探索人力资源管理模式，这是现代高校图书馆事业可持续发展的必然要求和主流趋势。

一、高校图书馆人力资源内涵及其利用目标分析

依据舒尔茨对人力资源进行的定义，就现代高校图书馆来讲，人力资源应当包含两个方面的内容。从静态层面来看，高校图书馆人力资源也是指馆员所具备的、完成本职工作所具备的能力、技能等，同时也是图书馆管理人员的本领、知识以及技能和其他方面相关能力的结合，是通过对人力的深入挖掘和开发，形成具有经济价值的人力资源存量。从动态层面来看，高校图书馆人力资源，实际上就是图书馆馆员在具体工作中是否能够有效地发挥自己的能力和业务水平，能否不遗余力地为高校图书馆努力工作，对高校人力资源进行利用而得到价值的创造过程。图书馆人力资源应该是静态和动态两个方面的完整结合。

对于具有良好人力资源特质的高校图书管理人员而言，需要对个体进行有

效管控，这样才能完成预定的管理工作任务。基于此，在现代高校图书馆人力资源管理过程中，应当制定管理目标。较之于传统模式下的高校人力资源管理而言，该种模式有所不同，尤其在当今知识经济时代背景下，图书馆人力资源管理模式不再是传统的、机械的、近乎呆板的规章制度，而是转变成注重技术、知识交流，有效挖掘和激发人的主观能动性，以培育、发展有潜力的人才为宗旨的现代化管理模式。在当前的形势下，高校应当立足实际，根据高校图书馆人力资源现状、内涵要求，将人力资源开发、利用的目标界定为"坚持人本"，旨在培养高校图书管理人员人力资本价值，将工作的重点放在提高高校图书管理人员的综合素质和业务技能上。以开发、利用高校图书馆管理人员的潜在价值为核心，激发他们的工作积极性和潜能，最终会实现图书管理人员更大的社会价值以及图书馆的本身价值和拓展价值，这是现代高校图书馆人力资源管理工作的最终目的和必经之路。

二、高校图书馆人力资源管理问题分析

近年来，随着教育教学体制改革的不断深化，虽然高校图书馆整体管理模式有所创新和改进，管理水平有所提高，但是人力资源管理工作依然延续着传统的管理理念和模式，因此有很多问题是不可避免的。

高校图书馆管理工作有一定的被动性。由于高校图书馆工作人员不从事教学工作，与学生的直接交流较少，难以获取关于学生需求的最有效、最直接、最及时的信息。长期如此，图书馆工作人员的科研能力会有一定程度的下降，学术综合水平会因脱离教学前沿而退步，工作热情和积极性严重受挫。这种情况影响着人力资源科学化管理，各项工作都处于被动状态。

三、加强高校图书馆人力资源管理的有效策略

基于以上对当前高校图书馆人力资源管理过程中存在的问题分析，笔者认为要想通过加强人力资源管理，提升高校图书馆管理水平和服务水平，可从以下几个方面着手。

（一）引入用人竞争机制和激励机制

在高校图书馆人力资源管理过程中，要想有效激发图书馆工作人员的积极性和潜能，就必须引入用人竞争机制和激励机制。在制定和实施激励机制过程中，应当尽可能满足图书馆工作人员的需求，以此来调动他们的积极性；同时，还要引入竞争机制，这也是一种非常有效的方法。在实践中，应当激发图书馆工作人员的竞争意识，通过该种方式来有效地提高图书馆工作人员的工作效率。在具体实践中，可采用自由选择和组合模式，也可采用双方相互选择和任务承包等模式。作为高校图书馆文献资源的另一个宝贵资源，人力资源状况直接决定着信息资源的保存与开发。通过引入用人竞争和激励机制，可以激发图书馆工作人员的积极性和热情，使得他们能够更好地服务于师生。

（二）建立和完善科学的人才管理和培训制度

高校图书馆工作内容非常复杂，新就职的图书馆工作人员可能无法在短时期内全面掌握工作流程，因此根据实际情况建立人才培训制度势在必行。在实践中，应当以可持续发展理论为指导，精心选择培训内容，在节约成本的基础上快速缩短新员工的培训时间和上岗时间。同时，高校图书馆一定要创新人才培训模式，选择不同的方式和方法供工作人员选择，以满足工作人员的差异性需求。在此过程中，图书馆管理者应当积极调动工作人员的工作积极性和主动性，只有这样才能确保图书馆可持续发展。在实践中，应当积极引导工作人员

不断更新学习理念，树立终身学习思想，不断提高自己的学习意识和能力。同时，高校图书馆还要通过不同的方式，来加强思想政治教育和职业道德教育，从而使工作人员能够从思想上真正地理解和认识个人工作的重要性。在此过程中，高校图书馆还要积极提倡以工作人员为核心的管理思想，进行民主化管理，让工作人员参与意见的筛选，参与决策的制定，参与重大问题的讨论，从而使图书馆的决策更加合理化、规范化和科学化。同时，高校图书馆还要不断加强对人力资源的继续教育。对于高校图书馆而言，需要不断积累人力资源，来提高工作人员的业务素质、工作效率，同时还要强化人力资源在现代高校图书馆管理中的作用，使图书馆能够更好地适应内部和外部环境的变化，更好地开发与利用图书馆人力资源。对此，一个非常重要的途径和有效的解决手段是为图书馆管理人员提供形式多样化的继续受教育的机会，制订高效的人力资源开发、利用战略规划，并且将长期培训和短期进修有机地结合在一起，将学历教育与业务学习结合起来，将系统学习与专题学习结合起来，通过中长期循序渐进的培训与学习，不断提升高校图书馆工作人员的学术水平，加之长期以来积累的实践能力，从而使高校图书馆人力资源的建设呈现出有序的发展。

（三）构建科学的高校人力资源管理评估体系

首先，应当让广大读者满意。让广大读者对高校图书馆的环境条件、阅览室设置和馆藏文献质量等进行评价，同时还要求他们对书籍摆放、照明、服务态度等进行评价，以此来提高高校图书馆工作人员的工作质量，激发工作人员的工作热情和积极性。其次，高校图书馆工作人员的个人满意度评价。对于高校图书馆而言，应当为广大工作人员提供良好的工作环境条件，尤其是工资、福利以及职业规划和培训等，图书馆管理者应当对这些加强重视。最后，对高校图书馆工作人员的工作情况进行科学合理的评价。评价内容主要包括权威性、准确性、客观性和新颖性。与此同时，高校图书馆还要建立反馈机制，通过意见箱、聊天群以及网络论坛等方式,广泛收集问题,并且定期举办座谈会,主动获取工作人员对图书馆的要求,通过对工作人员的工作进行科学、合理的评价,明确奖罚制度,对于表现优异、积极进取的员工一定要给予奖励;对于表现不好的员工要及时进行沟通,做好善后处理工作。

在当前知识经济时代背景下,高校图书馆面临着前所未有的挑战和发展机遇。人力资源管理工作对于高校图书馆而言具有战略性意义。人力资源作为高校图书馆的重要资源和财富,通过不断加强高校图书馆人力资源管理,以优化和创新管理理念、方法,引进有效的竞争机制,建立完善的图书馆工作人员评价系统,并且重视对工作人员进行适时激励,充分调动工作人员的工作、科研的积极性,可有效促进高校图书馆建设事业的可持续发展。

第四节 高校后勤人力资源管理的激励模式

高校后勤企业因长期受传统人事管理制度的影响,一直以来都缺乏一套行之有效的人力资源激励模式,从而导致岗位设置不科学、机构臃肿、工作效率低下。因此,在没有一套行之有效的人力资源管理模式下,各种效率低下、机构臃肿、人浮于事的现象交替出现,直接影响了高校后勤企业的发展。

一、高校后勤企业人力资源管理的特点及其发展现状

(一)高校后勤企业人力资源管理的特点

高校后勤企业不同程度地负有管理育人和服务育人的双重责任。与社会行业管理有明显的不同,高校后勤企业必须遵循教育规律,坚持姓"教"的原则,其人力资源管理的合理开发利用与优化配置都必须考虑教育的属性。因此,高

校后勤企业人力资源管理应遵循教育规律，可以采用科学的方法，对员工进行合理的培训、组织和调配；同时对后勤员工的思想、心理和行为进行恰当的诱导控制和协调，充分发挥好激励机制的作用，使人尽其才、事得其人、人事相宜，以便更好地服务高校师生。

（二）高校后勤人力资源管理存在的问题

高校后勤企业是在原有高校自办后勤的基础上规范分离出来的，虽说在高校后勤中不乏人才，但高校后勤企业在整体上仍然存在素质偏低的状况。在传统的后勤管理体制影响下，计划经济的模式在一些人头脑中根深蒂固，传统观念与看法成为思维定式，与当前市场经济运作模式不相适应。高校后勤企业薪资分配上的平均主义现象仍然存在，掩盖了后勤员工在劳动能力和贡献大小方面的差别，导致后勤员工的工作积极性难以被调动。

二、构建高校后勤企业激励模式

（一）转变观念，树立"以人为本"的管理思想

人力资源作为一种稀缺性资源是可以最大限度开发利用的，我们要深刻认识到人力资源不仅是自然资源，更是一种资本性资源。高校后勤企业将人力资源管理理念引入组织管理中，树立"以人为本"的管理思想，在现实人性的假设基础上，针对员工不同层次的需要，以正面的自然激励为主，采取人性化激励，充分发掘人的潜力，努力做到适才适用。例如，根据员工的学习需求，单位可以按照缺什么补什么、需要什么学什么的原则，采用案例教学、情景模拟教学等灵活多样、有利于激发员工学习兴趣的培训方法，有针对性地为员工提供学习教育机会，加强员工文化素质和专业技能的培训，使其掌握新知识、新技能，从而重新认识自我，激发工作热情，提高工作效率。

（二）完善评价机制，建立科学的绩效考核制度

高校后勤企业的绩效考核应采取平时考核与年度考核相结合、内部考核与外部考核相结合的方法。一方面，加大平时的考核力度，如月考核、季度考核和半年考核等，为年度考核积累资料，提供依据。年度考核则以平时考核为基础，与年终量化测评结果相结合，进行综合评价，确定考核等次。另一方面，根据组织性质和岗位不同，建立上级对下级、同级之间、下级对上级、服务对象对员工的分类测评体系，积极探索外部考核的方法与途径，扩大外部考核层次，通过设立监督电话、组织问卷调查、回访服务对象等形式，依据服务对象的服务满意度，重点考核员工依章办事、服务水平和工作效率等情况。

考核要以能力和业绩为导向，以品德和知识等要素为辅助，注意研究不同层次、不同对象的考核标准，运用量化指标对员工的德、能、勤、绩等进行全面的分析测量，并对工作成效显著的员工在绩效得分部分可上不封顶，根据德才兼备的要求，坚持群众路线，注重实践检验。

考核后，根据绩效考核结果进行奖惩激励，把绩效作为业绩评定、奖励惩处和选拔任用的重要依据。高校后勤企业可以通过对工作成绩优秀的员工实行奖励，对工作有过失、有违纪行为的员工进行处罚，激发员工的工作积极性、主动性，促进员工以强烈的工作热情、开拓创新的意识投入工作之中。比如，年度考核结果评为优秀的，可给予一定的物质奖励；连续两年优秀的，可适当放宽职务晋升资格条件；连续三年优秀的，可在本职务对应级别内晋升一级工资或给予一次性奖励等。

（三）注重薪酬激励，形成相对长效、稳定的工资管理制度

人力资源管理把薪酬分为工资、奖金和福利。在国家实行统一的薪资政策、薪资制度和薪资标准的前提下，高校后勤企业可结合实际情况制订出具体、灵

活的实施方案，发挥薪资的可调节性；在薪资制度中引进利益原则，重视物质利益的重大激励作用，承认个人利益的合理性，把公共利益融入员工的个人利益中，在实现个人私利的同时实现公共利益；将薪资收入与绩效挂钩，在一定程度上体现劳动的差别，也可以对每一级薪资设定一个浮动的范围，在此范围内根据员工的工作表现，决定其收入。高校后勤企业应设定一个基本点，员工如果能够完成任务，就领取原定的工资；不能完成任务，就相应扣除一定比例的工资；超额完成任务，就在领取原定工资的基础上获得奖励工资。同时，高校后勤企业应适当拉大级别工资的差距，拉开管理层与非管理层的薪资差距，对一些岗位尝试实行考核薪资制度等。

（四）强调事业激励，组建奋发向上的活力型团队

激励模式的关键一环是从事业角度出发，根据员工的爱好及特长优先分配工作，使其扬长避短，实现个人效益最大化，为组织效率最大化奠定基础。然后，实行工作丰富化，开展轮岗、交流，使员工在组织中培养多方面的工作能力，提高对工作的兴趣，激发创造力，在工作中学习、吸收新技巧，随组织的成长而成长。在工作过程中，提倡一种积极上进的文化氛围，营造一种"支持肯干、批评混事、处理捣蛋、惩处腐败"的氛围，杜绝"一人干，两人看，三人做评判"的不良风气。与此同时，允许员工参加与切身有关的计划和决策的研究，以表示尊重，建立一种人人欲为之效力的组织结构，使组织成员的个人愿景整合成组织的共同愿景，把员工心中真正的渴望、对未来的向往和追求转化成对组织的信赖与支持，将其职业生涯与组织的长远发展紧密结合，对员工所取得的成绩给予充分肯定，如公开表扬等。这样，员工才能感受到企业的认同，从"搭便车"转为"风雨同舟"，真正融入企业。

第五节　高校人力资源管理的教师绩效考核模式

教师绩效考核一方面为高校人力资源管理活动提供直接的参考价值，由此制定出科学、合理的管理制度和激励措施；另一方面，也对教师日常教学行为发挥着重要的监督作用，从而激发其创新式教学方法与教学模式、提升教学质量的积极性与主动性。基于此，在系统总结当前教师绩效考核重要价值以及所存在问题的基础上，构建起一套系统的绩效考核模式，从而为当前高校人力资源管理活动提供必要的参考依据。

教师作为促进学校发展和培养学生成才的核心力量，是学校教学与管理最关键、最核心、最根本和最活跃的因素，直接决定着学校整体的人才培养质量和培养效率，最终影响学校的生存与可持续发展。因此，建构起一套系统、高效的教师绩效考核模式，是高校日常管理活动所必须完成的一项工作。

一、教师绩效考核的核心价值

（一）为人力资源管理活动提供重要参考

从教师管理的角度来说，高校人力资源管理活动涉及教师的晋升、调职、解聘、工资等级、奖惩措施、潜能开发和教育培训等诸多方面的内容，既有制度设定方面的，又有具体的制度执行方面的，与教师切身利益息息相关。而这些活动都是在对教师日常工作绩效考核结果的基础之上展开的，包括教学质量、科研水平和职业道德情况等，由此才能确保人力资源制度和管理活动的科学性和合理性，尤其是公平性和公正性。

（二）激发教师的工作积极性

从某种程度上来说，缺乏监督与绩效考核的工作往往容易造成放任自流的结果。学校制定出系统、严格的教师绩效考核模式，并由此设定具体的奖惩措施，既为广大教师提供了明确的行为标准和工作目标，又是对教师日常教学与科研活动的一种监督。这使他们能够按照学校的规定来严格要求自己的言行，并努力完成学校规定的教学与科研等任务，从而大大提高工作质量和工作效率。这是建构科学、合理的教师绩效考核模式所呈现出的另外一个重要作用。

（三）指导教务部门的日常工作

建构起一套系统的教师绩效考核模式，提高对教师教学与科研考核的质量，一方面使学校教务部门能够判定学校的教学目标、教学任务的实现情况；另一方面，也能够及时发现人才培养过程中存在的各种问题，包括教学方法、教学内容和教学模式的选择和使用是否合理等。据此，是调整学校的人才培养策略，改进教学措施，有针对性地解决教学中存在的各种问题；或者是加强对教师的指导教育活动，甚至是制定严格的奖惩措施等，由此解决教学中存在的问题，提升教学质量与教学效率。

二、当前高校教师绩效考核存在的问题

（一）考核指标不科学

教师绩效考核活动是指对一系列指标进行评估，由此形成对特定教师的整体认识。当前，很多高校教师绩效考核的指标设计存在不科学的问题。一是绩效考核的指标无法反映特定教师主要的工作内容。例如，侧重于课堂教学的考核，而不太顾及课外实践教学的考核；注重教师教学活动的考核，而不注重行政事务方面内容的考核；偏重学生的评价，缺乏同事、领导的评价；偏重业务考核，而缺少对于教师职业道德等的考虑。这些都无法对特定教师形成一个全面的认识。二是绩效考核指标缺乏可靠操作性，或者因为考核指标不明确、不具体，导致考核者不了解考核指标的核心内涵，甚至出现理解偏差的问题，无法做出精确的评定；或者是考核内容太复杂，造成统计结果模糊等问题。

（二）考核内容缺乏针对性

按照不同的标准也可以将高校教师分为不同的类别。例如，按等级可以分为助教、讲师、副教授与教授；按照岗位可以分为理论课教师、实践课教师、实验课教师和行政管理教师，甚至是身兼多职的教师等；按照性质可以划分为教学型教师和科研型教师等，由此表现出不同的工作内容、工作标准和工作要求。然而，实际考核过程却表现出明显的"一刀切"的问题，缺乏对教师具体身份特征的考核，而是采用统一化的考核标准对所有教师进行相关的考核活动，并采用一致性的奖惩措施，对其加以奖惩。这表面上看起来是维护了教师绩效考核活动的公平性与公正性，实则带来了考核过程与奖惩方式不公平的结果。

（三）考核过程不严格

在实施具体考核过程中，各个考核主体是否能够认真对待考核工作，直接决定着最终的教师绩效考核的精确性，是实施绩效考核活动应当注意的一个重要问题。然而，很多高校在实施教师绩效考核过程中存在考核过程不严格的问题。一部分考核者认识不到教师绩效考核的重要性，做出不负责任的评价，这直接造成高校教师绩效考核流于形式，失去了其应有的功能价值和意义，既无法辅助人力资源部门、教务部门和科研部门做出正确的工作决策，又造成了资源浪费的问题，甚至在教师间产生不公平、不平等的奖惩结果，由此影响到教师的工作积极性。这是当前高校教师绩效考核亟待解决的一项问题。

（四）考核结果奖惩失衡

高校实施教师绩效考核的目的之一便是督促、激励教师能够顺利地完成预期的工作任务，在此基础上所有的学校都制定了相应的考核结果奖惩措施，即对达到目标的人员进行一定的奖励，反之则给予相应的惩罚。然而，在实际操作过程中，明显存在着"奖惩失衡"的问题，突出表现为"奖不足而惩过大"的现象。这直接造成教师的付出与收获不成比例，从而产生了"不求最好，但求合格"的心理，这虽然也在一定程度上促进了广大教师积极提升工作质量和工作效率，但对于学校整体的发展形成了诸多不利因素，值得各个学校深思。

三、新型高校教师绩效考核模式的建构与实施

（一）建立专业的教师绩效考核队伍

教师绩效考核发挥着多方面的功能价值，是学校能够获得持续性发展的关键因素。据此，各个高校应提高对此方面工作的重视，建立一支专业的教师绩效考核队伍。一方面，负责研究、制订并实施系统的教师绩效考核计划，保证考核结果的精确性；另一方面，则负责将考核结果发送给人事处、教务处、科研处等部门，发挥考核结果应有的功能价值。这是当前各个高校提高教师绩效考核质量首先需要解决的问题。

（二）建立兼具针对性与系统性的考核体系

具体的考核体系即是对各个教师实施考核的内容，直接决定着考核结果是否能够真实、全面地反映特定教师的真实情况，是整个教师绩效考核模式中最重要的内容之一。具体来说，该考核体系首先应当具备针对性的特征，即能够结合特定教师职称水平、身份角色、工作内容和工作性质方面的标准，科学处理各项考核内容的权重关系，建构起一套适合教师实际情况的考核指标体系，

保证考核内容的针对性，避免"一刀切"的问题；其次，所制定出个性化的教师绩效考核体系还必须具有系统性的特征，即综合考虑"德、能、勤、绩、廉"五项指标，不能出现缺失的问题。

（三）采用多种考核方式

为了提高考核结果的精确性，各个高校在建构起兼具针对性与系统性的考核体系之后，还应当采取多种形式的考核方式，由此分阶段、分角度地了解教师的日常教学与科研情况。具体来说，各个高校不应只是进行一次性的年度考核，而应进一步加大过程考核力度，将教职员工的日常考核、专项考核与年终考核有机结合起来，使平时考核与定期考核逐步走向经常化、规范化。例如，工作量情况采取定期和不定期检查、考评、登记等形式进行跟踪管理，期中、期末由考核小组审核填写意见并存档，作为年度考核的重要依据。另外，高校可加强对教师的平时考核频率，为年度考核奠定良好的基础。

（四）建立对考核人员的教育培训与追责机制

考核人员作为对教师绩效进行考核的主体，其对于考核工作的重视程度直接决定着最终的考核质量。因此，各个高校的教师绩效考核模式必须包括对考核人员的教育培训与追责机制。具体来说，在实施考核活动之前，一方面要对考核人员进行系统全面的教育活动，使其明确考核工作的重要价值和重要意义，从心理上提高对考核工作的重视程度；另一方面，也要通过系统、严格的追责机制或者是奖惩机制，来提高考核人员对于考核工作的重视程度，尽量避免敷衍了事或者是碍于情感因素而做出不负责任的评价等问题。

（五）建构起系统的考核结果反馈体系

考核本身是一种手段，而不是目的。绩效考核的结果应该全面应用于指导教师的晋升、调职、解聘、工资等级、奖惩措施、潜能开发和教育培训等方面的工作。这样才能真正实现考核目的。基于此，在完成具体的教师绩效考核工作之后，考核小组还应当建构起一套系统的考核结果应用体系，将最终的考核结果及时反馈给各个部门，指导相关工作的开展。这是当前高校建构教师绩效考核体系需要重点关注的一项内容。

总体来说，教师绩效考核一方面能够为人力资源管理活动提供重要参考，并指导教务部门的日常工作；另一方面，也能够激发教师的工作积极性，这是高校日常管理活动的重要内容之一。各个高校应当提高对教师绩效考核工作重要价值和意义的认识，由此成立专门的教师绩效考核研究与执行小组，在建立兼具针对性与系统性的考核体系以及对考核人员的教育培训与追责机制的基础上，使用多种考核方式，实施多种考核活动，并通过系统的考核结果反馈体系将最终的考核结果反馈给相关部门，由此发挥考核体系应有的功能价值。

第六节 高校人事管理向人力资源管理模式的转变

当前我国高校的人事管理工作存在一定的不足，无法适应时代变化的客观需求，将人事管理工作向新形势下的人力资源管理模式进行转变，既是国家发展的需求，又是市场的客观要求。因此，如何在当前的市场环境下将人事管理工作进行转变是高校管理人员应当考虑的问题。

一、人事管理工作和人力资源管理模式的区别

人力资源管理是指在市场经济环境之下，依照经济学思想和人才发展思想的指导，在工作中通过公开招聘、培训和薪资等管理手段来有效运用人力资源的模式，可以提升对工作人员工作能力的运用效率，更适合于我国未来的经济发展和人才建设，保证了发展目标和经营手段的一致性。与人事管理工作相比，

人力资源管理和企业经营发展方向更为一致，可以有效推动企业的发展，提升员工的工作积极性，实现组织的发展目标。下面对两种管理工作的差别进行介绍和分析。

（一）管理范围的差异

当前，在高校之中，人事管理的主要工作内容包括编制管理、劳资管理、师资管理和职称管理等，而企业的人力资源管理工作则是将管理和调动员工的积极性作为日常管理的重要内容，也是提升企业调动经营收益的重要手段。企业的人力资源管理工作除了要进行常规的薪资、岗位和培训管理之外，更为注重员工关系以及员工发展积极性的培养，在岗位调动上更为灵活，使得员工和企业之间形成较为紧密的联系，两者相互促进，共同推动企业的发展。

（二）管理工作重点的差异

人事管理工作注重的是对当前工作的管理，其管理重点是当前经营内容是否完成，在管理中对于工作人员的工作质量没有进行管理和考核。当前使用较多的人力资源管理的重点是经营内容和员工的表现及工作质量，注重对员工工作质量和能力进行管理协调，可以有效提升员工的工作积极性和工作质量，提高企业的建设经营质量。

（三）管理体制的差异

传统人事管理工作机制较为僵化，在管理过程中注重遵守规章制度，针对管理中存在的问题无法制定合适的应变措施，管理上的被动使得其对于事业单位的经营以及工作人员的积极性没有推动作用。而结合现代市场经济环境的人力资源管理模式则在工作中注重对员工能力的开发与培养，在管理中采取了创新管理方式，在保证企业经营稳定的同时提升了员工的工作能力和对企业的满意度，实现了企业管理目的，推进了企业向既定目标的发展经营。

（四）激励机制的差异

传统的人事管理工作制度缺乏激励机制，通常依赖物质奖励或是对员工的口头奖励来对其行为进行激励，员工工作岗位的调整和晋升一般是依赖工作进行决定，影响了员工的工作积极性。在管理过程中，人事管理工作制度不注重激励员工工作积极性，而是依赖从上到下的服从，在工作中要求员工服从领导指示，影响了员工的创新能力的培养。人力资源管理工作在管理中则强调以员工的能力培养和主观能动性培养为主要的工作重点，在管理上重视科学管理，提高了员工的工作效率，有效提升了企业的经营收益，推动了企业的战略发展和建设。

二、高校人事管理工作存在的问题

（一）管理模式固定

高校的人事管理工作的管理模式较为固定，其工作时间和内容的固定使得管理人员无法应对突发情况。其工作人员的流动性较小，教职工在固定环境中的长期工作影响了自身能力的发展，也降低了管理工作的效率。

（二）管理理念较为落后

在高校的人事管理工作中，当前的市场经济发展和社会环境的变化对其发展的影响不足，管理人员对教职工的重要性认识不全面。管理理念的陈旧落后使得管理工作无法充分发挥教职工的能力，无法实现人事管理工作对高校工作质量的推进。高校的事业单位性质使其管理需要按照国家规定进行，这也造成高校人事管理人员长期按照规章制度进行、缺乏应变能力的现象，影响了管理工作的高质量进行。

（三）缺乏激励机制

当前高校的人事管理工作体制僵化，使管理工作无法针对工作人员的工作能力提升或是高质量的工作过程来给予奖励，影响了工作人员工作积极性的提升。同时，高校针对教职工的绩效奖励机制的执行效果不佳，无法对教职工的工作积极性起到推动作用。

三、高校人事管理向人力资源管理转变的措施

（一）转变管理观念

高校长期的人事管理工作使得管理人员的思想和工作内容较为单一，且管理工作缺乏创新性。要想实现高校由人事管理工作向人力资源管理模式转变，转变管理人员的工作理念是十分重要的。高校的教职工是实现高校发展目标，提升教学质量的重要保证，转变管理理念、提升管理工作对教职工的激励、实现人力资源管理模式是高校未来发展的需求。

（二）转变管理方式

转变管理方式要注重对工作人员的管理，合理进行工作人员的招聘、培训和管理，使得工作人员和岗位的适应性提升，推进高校教学质量的提升。针对工作人员的招聘，高校应当对人才有一定的安排，掌握人才的实际用途和分配情况，借助先进的科学管理模式来运用高校教职工的能力，提升其和岗位的适应性。合理转变管理方式对于进行高校经营活动有很大的推动作用，使得教职工的岗位和工作地位得到改善。

（三）完善激励制度

人力资源管理工作的重要工作内容就是通过合理的激励机制来提升员工的

工作积极性，合理设计奖励可以有效推进员工工作能力的提升。如果高校人事管理工作缺乏激励机制，则教职工的工作积极性就得不到提升。因此，要想完成管理模式的转变，高校应当完善员工激励机制，提高教职工归属感。

在高校管理中建设人力资源管理模式，能够有效地推进高校教学质量的提高，契合高校的未来发展需求。

第七节 大数据时代下高校人力资源管理的择优选择模式

大数据时代背景，高校人力资源管理工作不仅是人与人之间的交流，更是数据整理、分析、提取等工作模式。人力资源对数据信息的提取与应用，能够解决高校人力资源管理工作面临的问题，发挥人力资源管理工作的根本性作用，进而促进高校办学质量的提升。

一、大数据时代对高校人力资源管理的影响

信息技术的快速发展，大数据时代的来临，为各行各业的发展注入了新的活力。大数据时代对高校人力资源管理提出了更高的要求，在给予高校提供发展路径的同时，也为人力资源管理工作开展带来一定的挑战。大数据具有较大的信息数据价值，不仅能够推动高校教育教学模式的创新，还能够促进高校人力资源管理的创新。一方面，高校人力资源管理模式，不只是局限于人与人之间的信息交流形式，更多的是对人才信息资源的整合、分析、提取工作的创新。另一方面，拓宽人力资源管理面，在人力资源管理工作开展中，借助大数据技术，推进部门与部门交流的及时性、便捷性，通过平台能够与人才在线交流，以及与领导在线发送人才信息资源，进而提升了人力资源工作质量。

二、大数据时代下高校人力资源管理创新路径

（一）创新人力资源规划

在创新人力资源规划中，高校应借助大数据技术优势，构建人力资源大数据库，对高校所有内部和外部的工作人员的信息进行收集、整合，构建个体档案资源，提升人力资源管理质量。通过构建大数据库，使人力资源管理工作更加科学化、系统性，提升人力资源管理人员的工作效率。例如，在档案提供中，人力资源管理人员进入大数据库搜索相关资源，能够快速获取相关档案，提高人力资源管理人员的工作质量。

（二）创新教职工招聘工作模式

高校以大数据技术为导向，开展的人力资源管理工作模式，包含多个子系统数据集，并且每一个子系统集包含个体全部的信息，诸如工作情况、学习情况、生活情况等，这样就便于人力资源管理者获取相关信息资源。例如，在人力资源管理招聘中，人力资源管理者可以借助大数据平台开展人力资源招聘工作，依托于互联网平台传递招聘信息，吸引人才，应聘者通过投简历的形式开展招聘工作。在招聘工作中，人力资源管理者可以进入大数据平台，获取投简历人才的信息，借助大数据、云计算等技术，分析、提取信息，精准人才个人信息情况，以此更好地了解人才，进而提升人力资源管理效率。这样以公平、公正的形式进行人才竞选，较受个体的信服，推进了高校人力资源管理品牌化建设。

（三）创新教职工培训工作形式

教职工职业生涯管理模式也是高校人力资源管理的重要组成部分，其能够发挥教职工个人潜力与能力，促进高校教育教学质量的提升。大数据时代下，人力资源管理不仅是要掌握教职工的所有个人信息，还要知晓教职工专业发展

形势和工作诉求等，为教职工个人发展提供平台，促进教职工专业化、职业化的培育。因此，在教职工职业发展历程中，人力资源管理应做好教职工培训工作，根据教职工发展诉求、专业需要，为教职工安排有效的培训工作，促进教职工能力的提升，进而促进人力资源管理工作质量的提升。与此同时，基于教职工工作的不同特点，一部分教职工无法参与到培训工作中，人力资源管理在培训工作开展时，要依靠互联网教育平台优势，依托于大数据技术特性，开展互联网培训工作，上传相关的培训工作任务、内容和信息等，让教职工利用课余时间开展学习，完成培训任务。

综上所述，良好的人力资源管理工作，不仅能够调动教职工的工作热情，还能够营造良好的工作氛围，提升高校教育教学质量，促进高校走可持续发展路径。在大数据背景下，高校应借助大数据优势开展人力资源管理工作，使人才信息更加精准化，做好知人善用的管理模式，发挥教职工根本教育效度，推进高校教育教学工作的有序开展。

第五章 高校人力资源绩效管理

第一节 高校教师的绩效管理

一、高校教师的绩效管理考核及绩效评价

(一) 高校教师的特性

高校教师可以说是整个教师行业中的一部分群体,其特殊性主要表现在以下五点:

1. 教师本身的高标准要求。高校对教师自身学历、职称以及教学水平等有很高的要求,除此之外,高校任职教师还必须掌握所教授学科最先进的知识。在教学过程中,不仅要做到对学生知识的传播,还要教会他们做人做事的道理,帮助他们树立正确的价值观,为国家培养一批有担当、有能力的人才。

2. 管理的松散性。高校教师除了上课时间是固定的,其他时间都可以自由支配,比如备课和课题研究等,对高校教师工作时间的安排缺乏规范性管理,导致教师与教师、教师与校领导间缺少沟通机会。

3. 评价教师标准的多重性。社会对高校教师这一群体的要求标准非常高,他们的好与坏,评价标准非常多,比如授课质量的优劣、出版专著的能力、发表论文的多少、在校内承担的科研任务重要程度以及在学生中的受欢迎程度等,

都是评价教师的指标。

4. 面临巨大的压力性。高校教师既要了解相关专业最新的发展，又要能够将掌握的知识以学生所能接受的方式进行教授。与此同时，他们还要面临人事结构变革、组织机构变动等多方面压力。

5. 教师薪酬的"计件"性。目前，影响高校教师收入的仍然是课时的多少。课时越多收入越高，虽然各高校都在努力改革这一现象，但是成效并不显著，高校教师薪酬仍存在"计件"性。

（二）绩效管理制度的特性

随着市场经济的发展，教育行业逐渐向市场化方向发展，教育行业竞争也越来越激烈，要求教育部门能够建立一个系统、规范的管理制度，提高教育质量。绩效管理的优势逐渐显现，绩效管理是一个灵活的管理制度，能够实现规则与灵活性兼顾。教育行业的绩效考核管理制度具备以下八个特性：

1. 公开性。绩效考核是在群众监督下实行的考核，具有公开透明的特性。

2. 客观性。对教师的评价是多个指标考核的结果，不受校领导或者某个教师的主观印象左右，因此评价结果是客观的。

3. 多向性。高校教师的绩效考核主体是多元化的，包括学校领导、教职工、在校学生以及学生家长等。考核主体的多元化能够有效避免考核结果出现偏差。

4. 差异性。高校教师绩效考核标准，应根据不同岗位量身定制，避免考核标准的单一化。统一的考核标准容易造成教师团队碌碌无为，大家都不愿意承担挑战新鲜事物的风险，给特色教师的形成和发展造成巨大阻碍。

5. 制度化。绩效考核应制定相关制度，使其能够长期发挥激励和制约作用。

6. 实用性。绩效考核制度的实用性是其能否长期发挥作用。

7. 可培训性。高校通过培训，让所有教师了解绩效考核制度的主要目的、具体考核内容以及操作方法等，使教师对考核制度的了解更加清晰。

8.可反馈性。实时将考核结果反馈给被考核教师,使其能够针对自身不足,明确努力方向。

(三)高校教师实行绩效管理考核的指标设定

1.高校教师实行绩效管理考核指标设定的原则

高等院校不同于一般的企业单位,运用绩效管理方法评价高校教师工作状况,必须给予充分考量。正是基于高校教师这一群体的特殊性,在设计相关政策时需要按照以下五点要求,使其在实际工作中产生最佳效果。

(1)让教师参与绩效管理考核目标制定的每一个细节,绩效管理的考核者和执行者要共同探讨出一个具体可执行的方案,让教师非常清楚自己的目标方向。

(2)绩效管理目标的制定要让教师感觉切实可行,并不是高不可攀,而是要在实践中注意工作方法,勤奋努力就可以完成。在执行过程中,管理者和教师要勤于沟通,防止出现偏差。

(3)制定绩效管理目标要以全面质量管理理论作为基本依据,并鼓励教师全程参与,不只是被动的参与者,管理者要重视教师提出的合理意见,尊重他们的积极想法,从而提高整体管理水平。

(4)高校管理者要从实际工作出发,重新定位在绩效管理过程中所扮演的角色,也就是要建立一支管理者与教师共同参与的,能够激发积极向上的团队,两者之间是建立在互相支持合作关系基础上,而不是一种居高临下的单向管理模式。

(5)在具体实施过程中,要让教师明白自己的工作绩效成绩和学校总体目标之间的关系,让教师认识到自己工作的积极意义和产生的社会价值。

2.高校教师实行绩效管理考核指标设定的过程

(1)进行绩效管理的准备、计划及系统设计。主要有以下三点内容。

第一，对学校的办学宗旨、目标以及组织结构进行重新梳理。学校已有的管理制度包括评估教师的教学质量措施、工资福利规定、教师奖励与惩罚机制、教师工作纪律、分析管理层和教师认识绩效管理的水平和满意度以及对教师现有工作氛围和实际工作环境的评估等。

第二，充分考虑学校实际状况，制订合理的绩效管理方案，并做到系统化、细节化、程序化和表格化。让每一个参与绩效管理的单位和个人，包括管理者清楚自己的责任，并以文件形式予以明确。

第三，认真分析过去工作成果，及时总结经验，在充分协商基础上与教师签订绩效管理合约，并建立档案卡。这种建立在协商基础上的管理制度既体现民主精神也有集中管理的成分，是与其他管理制度最大的不同之处。制定绩效目标要结合学校实际情况与每一位教师充分协商，让教师明确学校对他们的期望值，并最终形成绩效考核机制。

（2）系统实施。在绩效管理实施过程中，教师要充分利用制度给予的权利，并结合自己的业务能力，按照目标要求努力实现既定计划，从而提高工作绩效。教师在努力按照绩效要求达成教学目标和科研目标的过程中，要及时与学校管理者、其他教师以及学生进行积极沟通，以便及时纠正工作中出现的偏差，不断积累经验从而实现目标计划。

（3）绩效评价与控制、诊断、纠正绩效管理目标与计划偏差。管理者和教师要认真分析绩效管理目标达成情况，分析执行过程中出现的问题和取得的成果，找出产生问题的原因，共同探讨解决问题的方案，然后以书面形式展现出来。在具体诊断产生问题的原因时，认真对待每一个细节，并找出发生问题的可能因素，然后针对这些因素再进一步分析，力求做到细致严谨，并找到主要原因。为了更好地了解每一个过程，可以制定相应表格，如出现的问题列表、绩效评价表等。

（4）汇总整理及综合评估，提高绩效措施。在绩效考核机制执行过程中要认真分析出现的问题，然后进行评估，并做出具体的可行性整改措施，如从所有反馈资料中找出学校管理过程中出现的深层次问题，制定相关措施并监督执行；按照规定实施奖惩措施并根据产生的问题做出整改计划；对于出现的结构性问题及时调整学校组织系统；进行阶段性总结，然后以书面形式汇报给学校领导，从而形成动态考核机制。具体奖励措施可以是工资形式，也可以是书面鼓励表扬的形式。对于态度不端正，绩效较差的教师，要根据规定做出相应惩罚措施，可以采取工作调动、不涨薪和撤销相关福利待遇等措施。在适当周期内总结绩效管理目标达成情况，总结相关经验以实现新的目标。

（四）高校教师绩效管理的绩效评价体系

要顺利实施绩效管理方案，必须在实践基础上形成一种客观、有效的评价机制，这种评价机制需要做到以下几点。

1. 领导评价

领导评价一般是由多人组成的评价考核小组完成，具体实施可以是听教师讲课，然后根据具体讲课情况给予正确评分。落实这项工作要注意两方面因素：一是要注重考核小组人员构成情况，一般除了学校领导，还要有一线教师参与；二是安排听课并不事先通知，而是在随机情况下进行。在对教师做出综合性评价时，不应只考虑教师的业务教学能力，还要对教师的科研情况、思想道德情况进行考查。

2. 学生测评

在具体教学过程中，教师的教与学生的学之间是互动的，学生能够深切体会教师的教学水平，学生要根据自己的真实感受，客观评价教师的教学行为。在落实评价过程中，学生要认真填写教师教学评价表，实现客观评价与有效评价。因此，要做到真实有效的评价，需要注意以下四种情况。

（1）根据以往评估经验，部分学生对有趣味的课程教师和体育教师有着较高评价，但由于基础课程和专业课程理论比较抽象难懂，对这些课程的授课教师评价则较低。针对这种情况，管理者可以有选择性地挑选评价者。

（2）在对教师进行评价之前，首先要做好学生的思想工作，让学生明白教与学是互动的，并不是单纯的片面行为，只有相互尊重和支持才能实现共同进步，教师的工作成绩和学生的学习成绩才能共同提高。学生对教师的评价应是客观的，是建立在实际教学效果的基础上，所以学生要真实客观地做出评价。

（3）以往在对教师做出评价时一般在课堂上进行，这种利用课堂时间进行评价的方式很容易造成马虎草率情况，致使出现偏差。此外，由于评价结果直接影响教师切身利益，因此要防止出现教师对学生的误导行为，也要防止由于学生对教师存在的畏惧情绪而歪曲评价结果，这种对教师评价有失公正客观，是对绩效考核机制的最大破坏。因此，学校要创建一种文明宽松的环境，同时合理安排时间，给学生一个自由的空间进行客观评价。

（4）除了正常教学外，教师还需要负责学校的日常事务工作，比如监考工作。教师和学生平时都很熟悉，而监考在一定程度上会影响两者之间的关系，继而对评价结构产生影响。因此，要建立学生诚信档案，充分考虑学生的诚信行为对教师评价的影响，要在实际过程中及时总结相关经验，正确处理两者之间的关系，提高对教师评价的可信度。

3. 教学纪律考核

管理者可以采取定期或不定期检查的方式，监督学校纪律的执行情况，及时收集相关信息，确保学校各项工作的顺利开展。

4. 教研室同行评议

教师同行评议机制可以根据教师要求，选择合适的听课时间和听课班级，并仔细填写有关表格。

5.科研水平

科研水平是学校综合实力和办学层次的重要体现，也是衡量创新人才与高级人才的标志，同时能够有效提升教师的实际教学水平。高校管理者除了注重教师的日常教学行为外，还要鼓励教师进行相关科研工作，进一步开发教学资源，提高学校整体教学水平。同时，学校要努力创造一种公平的科研环境，并给予有实际科研成果的教师合理奖励。

综上所述，高校要客观、综合地评价教师的教学行为和科研能力。教师的日常工作非常繁忙，如果片面衡量教师教学行为，则会影响他们的工作积极性，所以要本着客观、公正的态度和上述五项原则进行考评。在实际工作中，根据实际情况做出合理安排，追求的目标要能反映教师的实际教学行为，提升学校整体教学水平。

二、加强高校教师绩效管理的措施

（一）树立正确的绩效管理理念

目前高校教师的绩效管理方面存在很多矛盾，所以高校教师的绩效管理问题需要树立以下三个观念。

1.以教师为本

高校教师方面的人力资源管理，要以教师为根本，树立这种观念是管理体制改革上的必经之路，也是教师在自我发展方面的体现。要求尊重教师的意见和建议，对他们的成长进行关注。例如在安排教师工作上要把兴趣爱好、特长等因素考虑进去，提出有意义的建议；尽力帮助教师应对困境；教师需要有归属感，这些都是稳定教师队伍的前提，帮助教师将职业规划做好，为教师提供更多的培训机会，帮助他们进行自我发展，鼓励他们在教育教学领域进行改革研究，多出成果。

2. 发展性教师评价

新的教育评价理论被提出，即发展性教师评价。这种体系是将教师放在中心位置，也将教师发展提到重要位置。对教学管理进行完善，帮助教师进行自我潜力的了解和发掘，从而提高教学水平，有效履行职责。此外，教师可以进行专业水平的提升，也可以更好地完善工作；可以制定合乎实际的奋斗目标，教师在制订计划以及目标时，应该将个人成长和学校发展进行充分结合。在增强自身工作能力的同时，促进学校发展，教师能够将自身优势特点展现出来，并及时纠正不足之处，是一项举足轻重的改革措施。

3. 和谐管理

在高校教师的管理工作中，需要树立和谐、团结的管理观念，在符合学校发展要求基础上，建设和谐管理体制，并明确绩效目标，激发教师主观能动性，既促进了教师成长，又满足了学校的发展需求。目标融合具体包括定位战略、主题确定、机制建立等内容。

（二）改进高校教师绩效管理体系

1. 绩效管理体系的改进思路

完善高校教师绩效考核体系有以下三个思路。

第一，绩效管理要有很强的实践性。绩效管理简单可操作，一方面不可以严重影响管理者及被管理者的本职工作；另一方面要密切关联教师的绩效改善情况，最终目标是帮助教师改善实际的绩效水平。

第二，绩效管理应该具备较强的适应性。高校教师在教学能力、职位等级以及管理方式等方面都具有显著差异性，因而导致教师在教学认知和工作态度上体现出较明显的区别性。针对教师在个性特点以及工作能力等方面的差异性，应该选择合理且科学的绩效评估方式，并且要符合实际情况，了解教师的岗位特点，制订行之有效的绩效计划和目标，这是人们经常提及的岗位要求决定管理。

第三，坚持结果与过程并重原则。绩效管理的终极目的是要改善绩效，从而实现高级目标。高校战略要求不仅要重视教师的工作成果和结果，还要重视工作过程管理。

2.绩效管理体系的指标改进

关于高校绩效管理体系的指标改进，主要体现在以下三个层面。

（1）素质指标。素质指标主要体现在三个方面，分别是职业道德、专业知识以及专业能力。职业道德素质可以分为职业责任、职业作风等指标；专业知识素质具体指与专业相关的理论知识、技能知识等指标；专业能力素质主要包括教学能力、语言表达能力、管理能力以及创新能力等指标。

（2）教学指标。教学指标考核一般以教师教学水平为重点考核对象。教学指标具体有教学内容的合理性、教学技能的有效性、教学流程的有序性以及师生之间的互动性等。

（3）成果指标。成果指标考核的对象是教师的科研成果，具体指学术论文、课题研究、知识产权以及各种科技项目等指标。

3.绩效管理体系的程序改进

高校教师的绩效管理体系应该不断地改进和完善，注重全面性的绩效考核。

首先，绩效计划阶段。关于绩效的目标与计划，管理者和教师要达成共识。在此基础上，教师要对自己的目标做出承诺。

其次，绩效实施与管理。教师根据制订的绩效计划展开工作，在工作过程中，管理者发挥其指导和监督功能，针对出现的问题制定应对措施，并改进绩效计划。

再次，绩效考评。根据双方共同制订的绩效计划，管理者定期考评绩效任务的完成情况以及绩效目标的实现程度等。

最后，绩效反馈与面谈。管理者要对教师进行面谈，不仅是打一个分数将结果进行反馈，还要求教师可以得知管理者的期望值，在得知绩效成绩的同时，明确自身应该改进的地方。

第二节 高校管理人员的绩效管理

高校管理工作者的绩效管理，是将与管理相关的工作者看成管理活动的中心，针对管理工作者展开动态管理，从而增强他们的工作能力。即作为高校主要的组织者与管理者，对他们进行有效的绩效管理显得尤为重要。

一、高校管理人员绩效管理应注意的问题

（一）明确高校管理者的角色

学校领导也是绩效管理的对象，应以身作则地纳入绩效考核管理体系之中。绩效管理作为一种评价工具，面向的考核对象是所有工作者，除了工作人员之外，还有中层、高层的领导者以及管理者等。此外，绩效管理工作的实施是以校长的工作计划为前提条件，各区域的管理工作者的绩效管理主要由高层领导者负责。

1. 管理者。管理者凭借高层管理者所授予的职权，完成一些重大决策和任务，因此应提高自身业务水平和管理能力。

2. 领导者。领导者是从工作人员中经过层层考核选拔出来的。作为领导者不仅要具备引领下属工作人员共同实现目标的能力，还应该具备协调、管理以及组织能力等，一般组织的领导者是正处级干部，副处级干部主要是工作方面的领导者。

3. 组织的专业技术职员。尽管高校管理部门的职能性质和企事业单位大致

相同，但是却有着属于自己的独特性、稳定性和规律性。管理工作者基本上都是从教师群体选拔出来的，具有能力和经验从事教研，有需求从事技术工作，所以中层管理者群体都会有专业技术职称。

随着社会经济的发展，高校管理体系内部的领导角色也会随之发生改变。比如，从决策者发展为顾问、从管理者发展为辅导者、从组织成员发展为合作伙伴，在这种情况下，领导和工作人员朝着相同目标共同努力，在实现目标的过程中促进个人成长，真正做到共赢。

所以，参与者与被评价的对象包括校长、处长、院长、各科室负责人，在进行决策和绩效管理考核施行时，各级领导需要清晰地知道，领导既是监督者又是被管理者。如果要下属认真制订和执行计划，需要领导也要心甘情愿地纳入这一体系中。

（二）加强高校管理者的能力

不论是企业，还是高校，所有单位个体，管理体系的建立都需要过程，并且随着现实情况的改变及时进行完善。主要涉及层面有目标的确定、考核时间和方式等。需要注意的是，在改进和完善过程中要保证持续性和稳定性，从而实现绩效管理的完善。

中层管理者是整个绩效管理体系中挑战最大的群体，面临着巨大压力。他们需要时刻保持清醒的头脑，以身作则，增强自身工作能力，并且制订合理且科学的计划以及目标，将自己也归纳为考核对象范畴内。此外，管理员工的能力也是绩效考核的指标之一。因此，作为中层管理者应该不断加强自身综合能力，尤其是管理能力以及工作能力。

二、高校管理人员绩效管理系统设计的基本原则

高校管理人员绩效管理系统设计的基本原则有以下八点内容：

第一，"三重角色"认可原则。"三重角色"指高校管理者除了自身的管理者身份之外，还扮演着领导者以及技术者的角色，关于其绩效的管理主要体现在道德品质、完成任务情况、价值和贡献大小、综合素质和管理能力等方面，始终秉承着服务于工作的原则。

第二，多层次评价原则。作为高校管理者，应该将职权分配给各组织部门，从而高效率地完成管理工作。高校绩效管理体系主要包括三个层面，分别是领导者、领导团体和专门的业务小组。早期的绩效管理都是由领导者独自负责，采取个人绩效水平排名方式，促进员工提升自身绩效水平，在目标驱使下，探索最新的方式方法，高效率地完成工作任务。然而，对于领导集体以及业务小组的综合评价，却会产生消极影响，也不利于整个组织绩效目标的实现。

第三，科学可行性原则。只有坚持科学的方法，才可以使考核工作得以进行。所谓可行性，是考核方案具有可实施性、可比较性以及可量化性的特征。各高校管理部门的涉及范围和工作内容都是不同的，并且在规模和人数上也不同，抓住管理工作的共性，才能使考核工作有可比性，即在完成工作内容过程中，要求在定编、定岗、定员、定岗位职责等前提下展开评价与考核，否则无法实现绩效目标。此外，对指标进行量化，减少人为因素影响，进行科学考核，让考核工作更加简化易于操作，也不要人为复杂化，会使考核工作失去意义。

第四，时效性原则。绩效考核是对考核期限内的所有成果进行综合评价，不能将考核前的行为掺入考核结果，也不能片面地关注比较突出的一两个成果，考核期限要尽量延长，还要做到绩效数据与考核时段相吻合。

第五，重视反馈原则。需要对反馈进行重视，要求考评人在被考评人接受绩效考核后，与其进行一对一面谈，反馈被考评者结果。听取对方意见，重视自我评价，对于绩效考核提出意见建议，帮助对方成长与发展。

第六，部门分类评价原则。领导方式虽然相同，但是效果却体现出明显的差异性，有些受到认可，有些则遭到差评。究其原因不在于领导方式，而在于组织规模和工作性质，还有工作人员自身特点和工作态度等，此时领导的表现方式和员工的反应才具有显著的相关性。因此，为保证在绩效考核时的公平性，要把这些因素进行部门归类，包括教学、行政和辅助单位部门。

第七，全面性与有效性原则。要使考核有效，需要考虑在进行考核工作时影响考核内容的各个方面，尽量全面和完整，以此确保考核内容与工作绩效相关，体现绩效考核的多因和多维。

第八，客观、公正与公开性原则。要抱着实事求是的态度，坚持客观公正的态度，对高校管理人员进行考核。成绩不论多少，都牵扯到主观和客观因素，要客观和准确。针对工作的不同特点，根据实际情况，不能主观判断，掺杂过多个人感情。考核结果应该是公正、公开以及透明的。

三、高校管理人员的绩效评价

（一）高校管理人员绩效评价的内容

通过对高校管理人员的德、能、勤、绩等方面进行考核，也是高校管理人员的绩效评价方式。只有制定完善的考评体系，才能协调四者关系。

在德、能、勤、绩的考评中，德排在第一位，是评价个人的基本标准，指业务能力水平，体现个人的综合素质；勤是工作态度；绩是工作成果，德、能、勤共同努力的成果最后转化为绩。因此，绩是德、能、勤的直观体现。

由此可知，要秉承立德为先，以绩为主的绩效评价原则。

第一，德是个人的品德、思想素质、使命感、进取精神、责任心等，对个人的行为强弱、行为方向、行为方式有直接影响。对于高校管理人员来说，其德主要指职业道德和政治素养。其中，政治素养能够细化为遵纪守法和政治理论两方面，包括爱国、爱党、爱校，遵纪守法，对各项政策坚决执行，贯彻落实学校做出的组织原则，一切工作要遵循高校的规章制度等。

职业道德细化为四个要件：服务意识、爱岗敬业、民主团结、清正廉洁。即为人要爱岗敬业，有强烈的职业认同感，有良好的服务态度和意识，发扬艰苦奋斗精神，履职尽责，廉洁奉公，讲团结，甘于奉献，文明办公。

第二，能是判断一个人的综合分析能力、业务知识、表达能力、学习能力、创新能力、组织与协调能力、人际协调能力、决策能力等。将能力进一步划分为以下要素：语言文字能力、知识水平和应用能力、应变能力、组织能力、协调能力。对高校教育行政管理最有影响的能力是知识水平和应用能力，要突出本岗位、本部门的专业知识，结合现代办公技术，高效率办公。

第三，勤是发扬不怕吃苦，勤奋敬业的优良作风。对于管理人员，可以从工作积极性、主动性、创造性、出勤性、纪律性等方面考核。将勤细化为工作质量、工作态度、努力程度，即在工作中积极投入，珍惜时间，追求质量和效率。对自己有严格标准，对工作认真负责，出勤率高。高校管理人员要在本岗位中不断开拓进取，努力学习业务知识，不断优化工作方法，追求精益求精，结合现代化的管理技术和管理理念，运用新媒体技术，处理行政工作。

第四，绩是管理人员工作的成果，也作为绩效评估的重中之重。绩是通过完成一系列工作目标实现的，也指个人获得的显著效益和重大成就。绩能细化为以下要素：工作量、责任、任务完成度、公众满意度、效果，主要包括常规任务的完成情况及工作量，核心任务的完成情况及工作量，创新任务的完成情况及工作量，紧急任务的完成情况及工作量，产生影响、责任承担、社会效益、经济效益，以及获得师生、领导、群众、职工的满意度等。

第五，对人员进行绩效评估时，要结合管理人员的身体状况，包括该人的心理素质、生理状况、抗压能力、承受力。当下，市场竞争激烈，工作压力较大，一个优秀的管理者需要具备强大的抗压能力。因此，良好的心理素质和体质是员工获得好成绩的基础。

由上述可知，德、能、勤、绩包含考核学校管理人员的各个方面，其效果是全面的，能够真实反映管理人员的水平能力。

（二）高校管理人员绩效评价的原则

要对高校管理人员进行有效、正确的评估工作，必须结合四个方面的基本原则，才能将绩效评价落到实处。

1. 客观公正原则

坚持客观公正，要一视同仁对待每一位管理人员，秉承实事求是、客观公正的态度，决不能在考评中掺杂个人情感或主观判断。学校要根据具体组织的各项管理活动的实施成果，客观地对高校管理人员进行工作绩效考评。一切评价工作要准确、全面、客观。因此，评价者作为评价主体，对评价结果有直接因素，必须坚持公正、客观，尊重事实；要将评价结果具体化、数字化，用完整、准确的数据调查，将资料呈现出来。只有如此，对管理人员考评才能做到客观公正，不流于形式。

2. 民主公开原则

民主公开，要求将民意测验、民主评议，以及管理人员代表组成的考评小组有机结合，采取公开方式，考评各级管理人员，最大限度上确保考评透明度。切实做到透明度需要坚持三点：第一，公开考评方法和考评目的；第二，公开考评程序、条件、对象；第三，公开考评结果，并且对被考评者的某些疑问进行解释和说明。

3. 动静结合原则

从两方面采取动静结合。一方面，提高评价准确性，增强阶段性评价次数，因为评价结果能够反映测评对象的真实水平。但该评价方式在于横向比较，能够明显罗列出被评价者目前的水平能力，哪些能力达到相应标准。缺点在于对被评价者的发展潜力缺乏针对性的预测。另一方面，要将延续性和计划性作为评价工作的重中之重，确保评价工作有序开展，发展为长久的系列活动；利用多次相互衔接、关联评价活动，争取做出有深度、有建设性的判断。该方式有利于对考核管理者从过去的业绩情况，到今后的发展趋势和潜力的纵向发展。该考评方式对管理人员起到很好的激励作用，极大地调动了管理人员的进取心。但缺点在于难以横向比较。因此，在实际考评中，要将两种方法有机结合，根据实际情况，扬长避短，使考核规范化、科学化、公正化、准确化。

4. 德才兼备、注重实效原则

评价和考核管理人员要坚持注重实效与德才兼备两个基本原则。德，指管理人员的道德品质和政治思想；才是管理人员的工作能力与业务素质。对管理人员进行绩效考评要紧密结合以上两个原则，同时要将工作实绩作为考核重点。

第三节 高校教辅人员的绩效管理

一、高校教辅人员绩效考核特征

行政教辅人员在高校的发展中起到了非常重要的作用，是高校教师队伍中不可或缺的一个部门，这一群体的绩效考核有显著的特征，要适应我国高等教育改革和发展的要求，需要定性与定量考核相结合，这是对教辅人员考核的一项基础工作，并将考评的结果加以运用，旨在提高他们工作的积极性，改进自身不足。对行政教辅人员的绩效考核，应该以绩效为导向，但绝不拘泥于结果，而是同样重视他们取得工作成绩的奋斗过程，把他们的目标与高校的战略发展目标相结合。

二、高校教辅人员绩效考核方法

科学的绩效考核方法，才能有效地保证绩效考核的实施。如今，在人力资源管理中常用的绩效考核方法主要有四个：关键绩效指标法、360度考核法、平衡记分卡法及一些数学方法的应用。使用绩效考核方法，最关键的是要针对各种方法的优点与适用性。目前还没有一种通用的方法能够将所有绩效考核问题都加以解决，因此选择方法的时候一定要结合具体情况进行多分析，多方考察，取长补短，综合运用，才能使绩效考核系统的设计更加科学、合理、有用。

（一）关键绩效指标法

关键绩效指标是评价组织战略目标推行效果的重要指标。其目标是建立将组织的战略规划演变成内部员工的活动，从而逐渐增强该组织的核心竞争力，促使其健康、可持续发展的一种机制。它以组织的年度目标为依据，通过分析成员的工作特征来反映工作成果的关键评价指标，把这些关键指标作为量化标准同员工的绩效做比较。关键绩效指标就是将组织的战略目标层层分解，将岗位关键职责分解为可量化或者定性的具体指标。它是最简单的也是应用最广泛的绩效考核方法。

关键绩效指标的特性有三个：第一，要抓住有效量化的指标，将其有效地量化；第二，要抓住急需改进的指标；第三，关键绩效指标的关键并不是越少越好，而是应该抓住影响绩效特征的根本目标。

在设计关键绩效指标时要遵循以下原则：可量化性、具体性和精确性，考核指标一定要确切、精准，不可含混不清；细化性可度量，指每个指标必须是量化的，能够即时获得的；可达到性，目标通过努力可以去实现，不可太过高大；现实性也是关联性，指标与被考核者一定是紧密相连的；时限性，指工作任务要在规定的时间内完成，不可无限制拖下去。

关键绩效指标的优点是目标明确，因为是对组织战略目标的逐一分解，有利于个人目标与组织目标达到一致，个人目标实现的同时有利于组织战略目标的实现。它的不足在于指标有时候比较难界定，对总体战略目标层层分解时，往往是定量的指标，而在界定这些定量的指标时，能否真正实现关键性影响，有时难以界定。另外，如果过分依赖考核指标，会忽略一些弹性的因素和人为的因素，容易使考核结果产生争议。

（二）360度考核法

360度考核法是从上级领导、同事、下级员工、自身以及服务对象等多个层面采集行为特征和影响信息的采集评估和反馈。

360度考核法的优点是考核方法简单，可操作性，上下级、同级、服务对象等全方位的评价，能全面综合地反映被考核者的情况，考核结果具有民主性，管理者也可获取第一手资料，打破了由上级直接考核下级的传统的考核制度，管理者可以通过多方面考核获得更加全面和准确的信息。此外，360度考核法可以体现出不同考核人对同一被考核人的不同考核意见，有助于被考核人进行多方面自我考查，提高自身工作能力。

（三）平衡计分卡法

平衡计分卡法，是哈佛大学的两位教授提出的一种"未来组织绩效评价方法"。这一方法最初是为满足企业的战略发展要求提出的，其主要包含四个维度：服务对象、财务维度、内部流程设置、学习和成长维度。由这四个维度组建考核制度，服务企业的发展战略，提高绩效管理水平，是一种新战略型的绩效管理方法。

平衡计分卡法改变了以往只注重财务指标的业绩管理方法，作为一种新的组织绩效的管理手段和思想，在各行各业都得到了广泛的应用，被越来越多地应用到事业单位的管理上。平衡计分卡法基于全局的战略目标，通过对组织各部门任务的了解和分析，将总体战略目标详细划分为四个方面：服务对象、财务控制状况、创新与发展以及内部设置流程。使得组织做出决策时，既能够表现出多种不同类型的方式，又能把它们密切联系在一起。

平衡计分卡法在我国高校中应用时，在财务控制、服务对象确定、内部流程设计和创新发展等各方面都要根据事业单位的性质和特点进行管理，充分考虑到高等院校的非营利性。高等院校的期望目标是为广大的教职工和学生提供教学服务产品，保障教学活动正常运行。平衡计分卡法的优点使组织的战略目标和各职能部门工作的努力方向有机地结合起来，管理者能更易于掌握组织中各个职能部门详细的情况。通过提高员工工作热情，实现个人目标的同时，可以保障组织目标的实现。

第四节　高校辅导员的绩效管理

所谓绩效管理，是管理者为员工的业绩做出考核，并给出相应评价，再通过对业绩的分析改进，从而提高业绩达到目标水平。这一过程主要包括五步，即绩效计划与指标体系构建、绩效管理的过程控制、绩效考核与评估、绩效反馈与面谈和绩效考核结果的应用。

绩效考核是对于员工所做的工作以一定的科学方式进行考查，其目的是对工作完成程度和标准有所掌握。该过程公开、透明，且考核后会给员工予以反馈，使得员工得知自身的不足之处后加以改正，有利于员工和整个企业发展。所以，绩效考核在绩效管理中至关重要，是必不可少的部分，但是从宏观上来看，绩效管理是一个整体的管理系统，在这个系统中更注重的是员工与员工、员工与组织各个部分之间的关系。

既然绩效考核占据如此重要的地位，那么在高校管理中该项程序也是必不可少的。高效辅导员必须参与业绩评估和绩效考核，但是此种绩效考核的方式与日常不同，对于辅导员的考核更注重的是绩效管理理念，而且在不同的考核时期，也应当注重不同的考核标准，前期更应该注重员工的素质以及制定的绩效目标，在考核中期应该注重考核信息的反馈与沟通，后期则应该注重应用以及提高业绩方式。

一、高校辅导员的职业特性

辅导员的工作拥有其本质特点，他的劳动时间和劳动对象以及劳动量都与其他员工不同。其劳动对象是学校的受教育者，即大学生。大学时期较中学时期相比，学生会有更多的自由活动时间，学习任务量也较少。但是大学生作为初入社会的群体，其思想的成熟还需要一个过程，所以并不能对自己的行为有相应的认知和责任感。辅导员的劳动时间并不是完全固定的，即使上班时间规定是 8 小时，也要根据学生需要，做好 24 小时随时待命准备。

相比于中小学每天 8 小时的上班时间，高校辅导员需要每周 7 天的工作时间，而且每天 24 小时都不得放松，必须对自己的工作负责。因为初等教育时，学生的行动受到学校和家庭共同束缚，基本可以保证其人身安全。到了大学这些条件都不再具备，所以其活动很难把控，这些都使得高校辅导员不得不时时刻刻坚守岗位。辅导员的绩效评估最重要的是把握其工作的特殊性。

（一）劳动空间的广延性与时间的延展性

高校辅导员主要对校内学生进行沟通和教育，所以大学生是高校辅导员的劳动对象。沟通和教育的方式可以是多种多样的，比如召开教育活动，或是请学生去办公室询问情况，或者到学生寝室走访。因为大学生有丰富的课余时间，所以课外活动相对较多，其行动也较为自由。学生们活动的范围不会局限于校园内，所以辅导员服务的空间必须拓宽。

随着学生活动空间的不断扩大，辅导员的劳动空间也要相应扩大，劳动时间是根据学生在校时间而制定，即每周工作 7 天，一天工作 24 小时。虽然不是整天都在工作，却要时刻准备着为学生服务。在突发状况出现时，辅导员必须及时赶到。

（二）劳动的外显性与内隐性相结合

辅导员的工作具有易于量化、容易观察的外显工作。辅导员和学生沟通的次数和时长，以及其召开的活动实践的次数都是可以记录的。但是，辅导员的工作也不易观察和量化，是因为辅导员的教育是间接指导，工作带有一定的内隐性。例如，建立良好的师生关系和心理健康观察与咨询都是无法计量的劳动，也就难以量化和直接观察。

（三）劳动过程的可控性与结果的不完全可控性

辅导员的劳动时间受学生制约，但其劳动由自己支配。对于学生的教育来说，什么时间进行教育、在哪教育、如何教育，都是辅导员选择的结果。正是因为辅导员的劳动对象是学生，众多学生都有不同的性格特征而且数量庞大，也会有相当大的变动，所以劳动的结果是不能控制的。除此以外，学生的身心发展不平衡性导致其不能对自己的行为负责，不能承担相应后果，使得劳动结果也不可控。

（四）行动的相对自由与心理的巨大压力

辅导员的工作空间较大，不仅包括校园内的教室、办公室、寝室等区域，还包括校外，其工作时间基本上是全天等候待命。辅导员的劳动空间具有广阔性、时间上具备延展性，所以在安排时间时要根据事情的轻重缓急合理分配，在一定程度上缩减了其工作的自由和自身的自由。因此，辅导员这项工作对于心理条件是一种极大考验，因为辅导员的心理压力来源广泛，可能是学生也可能是工作量，还有可能是源于社会风险。

二、绩效管理理念下的高校辅导员绩效考核

因为绩效考核和绩效管理之间存在差异性，所以一定要对高校辅导员进行绩效管理理念指导下的绩效考核。

（一）明确提高组织与个人绩效考核目的

在高校中，对于辅导员的绩效考核，其目的是提高绩效，而不是给辅导员评定职称、确定绩效工资、评奖评优等。通过绩效考核考查辅导员以及辅导员团队之间的短板，根据短板制订特定的培训方式，以此提高整体绩效，提高辅导员团队的整体素质，才是绩效考核的根本目的。

（二）确定多方参与的多元考核主体

辅导员的绩效考核应该由多方参与，有多个考核主体。因为现在的辅导员绩效考核基本都是在学生处的指导下，由院系直接领导，只有所在院系的直接领导者根据平时收集数据获得辅导员的绩效标准，是不严谨的。高校辅导员从事的是学生管理教育工作，对于辅导员的绩效考核机制应该实行多元主体、多方参与形式。学生能够更确切地了解辅导员的工作效果和责任心等；学院管理者能够了解辅导员的出勤情况、工作量等；同事之间也可互相评价，所以辅导员的绩效考核应该由三方共同评价，构成多元化考核机制，确定多方参与的多元化考核主体。

（三）构建多维度的考核指标体系

为了确保体系考核的多元化，其前提是构建可信度高和效率高的考核指标

体系。构建高校辅导员的考核指标体系应该遵循绩效管理理念的指导,并且以辅导员的工作特性为核心,注意以下三点要求。

1.注重定性与定量指标的结合。辅导员的工作有显性和隐性两方面,对于辅导员的绩效考核应该将定性与定量指标相结合。对辅导员的显性工作进行量化,以便于定量统计;高校辅导员的隐性工作是难以定量的,但是隐性工作显性工作更加重要。所以,在全面性、公平性的前提下,应该对辅导员的绩效进行定性与定量考核。

2.品质特征性、行为过程性与工作结果性相统一。高校辅导员的绩效考核标准应该由品质特征性、行为过程性和工作结果性三点结合共同确定。大学生正处于"三观"形成期,辅导员不仅要在学习上对学生进行管理,还要在思想上对学生进行工作。

学习并不会立刻取到效果,但是在思想方面则会对学生产生重大影响。因此,对于辅导员的考核,行为过程性所占比例应该大于工作结果性指标。对于辅导员的绩效考核应该将三种性质统一,不能只考核工作结果。

3.考虑辅导员的个体差异。由于辅导员之间存在各种差异性,对于辅导员的绩效考核需要制定有个性的绩效标准。对于职称高、学历高、工作时间长的辅导员,薪酬标准要提高,从而体现出人力资源管理理念,薪酬应与绩效相关。

(四)绩效考核应注重个人绩效与组织绩效的统一

高校辅导员主要是由各个院系为团体管理学生,各个院系的管理团队统一由学生处指导。将组织绩效计入辅导员的绩效考核,不仅可以提高组织绩效、增强团体意识,还可以发现各个院系之间的辅导员团队在教育学生和管理上存在差异性,从而在大局上更加科学地评估辅导员的绩效。

（五）考核过程注重反馈与沟通

在对高校辅导员的绩效考核标准中，还需要注意辅导员绩效的沟通和反馈。首先在绩效考核前期，管理者应该，与考核目标沟通达成一致的、双方都认可的结果。在辅导员的日常工作中也要注意沟通，对于工作中积极方面要给予鼓励；对于工作中出现的不足之处也要及时提出，共同解决，从而提高绩效。

沟通方面如果做到位，绩效的提高则是必然出现的结果。在绩效考核结束后，需要及时进行反馈：将绩效考核的结果反馈给高校辅导员，考核结果既是终点又是起点，绩效考核是对个人和组织绩效的客观评价。通过绩效考核，使个人和组织的绩效不断提高。

现在，高校辅导员变得越来越职业化和专业化的背景下，更应该注重对辅导员的绩效考核。各个高校的领导层需要根据辅导员团队的自身实际，通过绩效管理的理念，建立严谨的辅导员绩效考核系统，更好地进行高校辅导员的考核工作。

第五节　高校人力资源绩效管理创新策略

在大数据背景下，高校人力资源绩效管理要与时俱进，充分融合大数据技术，实现高校人力资源绩效管理方式方法的创新，进一步提高高校教职工个人的实际收益以及高校的发展。

一、高校人力资源绩效管理的作用

大数据是当前信息社会发展的主流趋势，渗透到各行各业中，对每个行业的发展都有着非常重要的作用。具体在高校人力资源绩效管理创新当中，对高校人力资源绩效管理有以下三个方面的作用。

（一）深入挖掘教职工潜力，加强教职工之间的相互交流

高校人力资源绩效管理相关工作人员可以利用大数据对现有的教职工电子档案进行仔细深入的分析和整理，并整理出便于观察的数据，高校上层管理和领导人员通过对这些数据的观察分析，对高校教职工平时的工作状况、工作绩效以及教职工的实际职业能力有一个更加直观的了解。通过对教职工自身的职业能力和教学状况的了解，深入对教职工潜在能力进行挖掘，在此基础上制定相应的规章制度和奖惩措施，这样有两点作用：第一，对员工有着较强的约束和规范作用；第二，也能够更好地保护教职工自身的利益，并且通过有效的奖惩措施，还能够极大地推动教职工的职业积极性和工作热情。

另外，利用大数据把社交网络引入高校当中，高校的教职工可以在社交网络上进行实时交流，实现相互之间的信息对称，对教职工之间工作的交接以及信息的及时传递起到了很好的媒介作用。而且在高校教职工相互交流的过程当中，往往会包含着许多对高校发展以及教师工作上的意见和建议，高校就可以很好地利用、分析这些信息，对高校的发展进行整改，打造出教职工满意的工作环境，进一步提高高校的向心力和凝聚力，为高校的发展奠定基础。

（二）有利于构建高校有效的人才数据管理模式

和传统的人才管理模式相比，立足于大数据背景下的人才数据管理模式更具有直观性、便捷性和实效性。在高校人才管理过程当中，相关决策者能够通过云技术和移动互联网平台探索数据间的潜在关系，能够更快地找到符合当前人才管理的途径和方法，摆脱传统的、纷繁复杂的日常人才管理事务，更有利于高校人力资源绩效管理的效率提升，促进高校健康可持续发展。

（三）有益于提高高校人才规划的科学性

大数据的核心作用就是能够将高校工作当中产生的数据进行整理分析，形

成一个更直观、更有利于分析的数据，将这些数据呈现给高校决策人员，便于决策人员能够在短时间内掌握高校当前的具体情况。通过数据分析，把握高校的发展状况。要想实现高校的长期可持续发展，必须要注重人才的培养，通过大数据对每一个教职工平时的工作表现以及教学能力的分析，高校决策人员能够很快地把握人才的动向，并通过人才能力的分析，对其进行正确的职业规划，将每个人才都安排到适合他们发展的岗位上，既保证了高校人力资源的合理调配和优化配置，又保证了人才本身的职业发展，正确地发挥了人才的才能，提高了高校的整体教学质量。

二、高校人力资源绩效考核现存问题分析

就目前来说，高校人力资源绩效考核还存在着很多问题，尽管大数据已经越来越成熟，但是由于高校自身的管理理念以及相关决策层的思想观念等方面的问题，导致高校中大数据技术应用不充分，使得高校人力资源绩效管理理念和方法的滞后。

（一）高校人力资源绩效考核理念混乱

高校的主要目标就是为社会培养出技术型和实践型的人才，所以很多高校认为：要想让院校更快地和社会、企业接轨，在管理方式上也要引入企业的人才绩效管理方法，并将这些人力资源绩效管理方法应用到高校教职工的个人考核当中。当然，引用企业的人力资源绩效考核方法对教职工的个人发展、业务能力的提升以及整个学校的教学水平有一定的促进作用。但是，很多高校在引入企业人力资源绩效管理方法的时候，由于自身理念和执行力等方面的缺陷，往往使得引用企业人力资源管理绩效的方法流于形式，只为最终的考核而考核，没有立足于高校教职工的发展，没有构建符合高校自身特点和教学需求的人力

资源绩效考核模式，从而导致高校在自身的发展和企业管理理念中弄混了高校人力资源绩效考核理念。

（二）缺乏健全的绩效反馈机制

考核绩效反馈结果的目的是让被考核者能够及时地掌握自己的工作状况和优缺点，让被考核者能够尽快地找到自己需要提高、完善的地方，让被考核者能够正确清晰地认识到自己的优势，对自身的发展有一个更好的规划，在今后的教学过程当中能够针对实际情况进行适当的调整。但是当前高校的绩效考核反馈机制都是报喜不报忧，例如最常见的考核反馈是大力宣扬学校的先进事迹，以及树立榜样，没有对人力资源中存在的问题进行客观的分析，从而导致反馈机制不健全，对整个人力资源绩效考核也就没有产生深远的影响。

（三）需构建更加科学与完善的人力资源绩效考核机制

随着高校扩招，高校的师生规模以及师资队伍都在急剧膨胀。高校整体在迅速地发展，但是基础设施却没有跟上，包括高校的内部治理、管理水平、人力资源绩效考核机制等没有跟上高校迅速发展的步伐。当前高校人力资源绩效管理机制当中的主要问题有两点：第一，绩效考核制度不够健全，考评结果不全面，不能够更加全面地反映出高校教职工当前的工作状态和职业能力，在一定程度上也就失去了考核的实际意义；第二，高校对于人力资源绩效考核的指标不够健全，很多高校对人力资源的考核指标只是停留在学生期中、期末以及毕业作品等相关成绩的考核上，而没有对教职工自身的创新能力、实践能力以及服务学生的能力进行考核，忽视了教职工自身的职业发展，不健全的人力资源绩效考核体系不能促进学校的发展。

三、高校人力资源绩效管理创新措施探究

在大数据背景下，高校人力资源绩效管理必须要实施创新，要立足于大数据技术基础之上，要立足于教职工的发展以及高校发展的基础之上。

（一）设计绩效考核指标，完善人力资源考核机制

在大数据背景下，对高校人力资源的绩效考核指标需要运用到定性和定量相结合的方法。除了对教职工自身教学能力、教学方法、教学结果以及学生的满意度进行考核等定量指标之外，还要将教师自身的职业态度、工作热情、创新能力以及服务态度等作为考核的硬性指标。将定性和定量两种指标很好地结合在一起，能够更加综合、科学地判断教职工最终实际职业状况，并通过数据的收集和分析合理地进行绩效考核，完善人力资源考核机制。

（二）构建完善的绩效考核结果反馈机制

绩效结果反馈机制是人力资源绩效考核中的重要环节，高校要构建更加科学和完善的绩效考核结果反馈机制。在反馈当中，加大信息化渠道的使用，包括反馈数据收集、反馈数据途径的构建等，通过反馈结果让教职工对自身有一个更加正确的认识，也为学校制定有效的人力资源调动和合理的分配决策提供理论依据。

（三）扩大高校人力资源绩效考核的数据来源

为了能够在大数据背景下更加广泛地对数据进行分析，并最终形成科学且合理的决策数据，就必须扩大高校人力资源的数据来源。

1.基本数据。基本数据包括高校教师的年龄、性别、学历以及工作经验等，将这些基础的数据录入计算机系统，能够对教师的基本状况一目了然。

2.动态化数据。动态化数据主要是高校人才在人力资源中的流动数据，例

如一个招聘周期内对内部教师的流动率以及人员的流失率进行分析,来判断出是否有较强的竞争力。

3.质量数据。质量数据包括教职工的出勤率、学生和家长的反馈信息等,通过搜集这些数据对其进行分析,对构建一支高素质的师资队伍有着非常重要的作用。

随着大数据时代的到来,高校人力资源绩效管理要实施创新才能满足大数据背景下高校人才的发展需要,才能够使人力资源考核机制符合时代的要求,为进一步促进高校的发展以及人才的培养奠定基础。

第六章 高校人力资源薪酬福利与社会保障

第一节 高校人力资源薪酬体系

一、薪酬体系设计的内容

薪酬体系的核心主要包括三个部分,分别是基本工资、可变工资和福利。基本工资指用人单位根据劳动合同的规定保证员工工资的定期发放。基本工资包括两种:一种是按照职位级别确定的工资,另一种是按照能力强弱确定的工资。在我国大部分用人单位中,员工的基本工资按月领取,也就是定期向员工发放劳动报酬。可变工资具体指奖金、提成以及加班费等。奖金指在薪酬体系中以工作人员的绩效水平为基准向上浮动的部分。可变工资既能够代表员工的个人业绩,又能够代表员工所在组织的整体业绩。福利作为薪酬体系中不可或缺的组成部分,通常指不包含工资和奖金的其他额外报酬,比如保障计划、补贴以及实物报酬等,实物福利以非货币的形式向员工发放。

(一)基本工资体系

1. 基于职位的基本工资体系

基本工资体系形成的前提条件是员工为用人单位付出价值和作用,即员工对具体任务的完成以及价值目标的实现,决定员工为用人单位的贡献大小。因此，职位价值应该按照员工的工作完成程度因素进行评价，如工作难易程度、职位高低等因素，同时按照职位贡献大小确定工资水平。除此之外，尽管职位评价有效处理了组织内部存在的不公平性问题，但是无法解决其根本性问题，还应该采取市场薪酬调查方式，实现内外部基本工资体系融合，保证工资体系的外部竞争性。

（1）职位分析。职位分析指针对员工工作的所有环节进行研究和信息的收集，如职位目标、工作任务、工作人员需具备的能力、业绩标准等。职位分析主要体现在两个方面：一方面是职位描述；另一方面是职位规范，还可以称为任职资格。

职位描述指根据对职位目的、职位业绩标准以及各职位的相关性进行研究，从而实现职位的准确描述。职位规范主要分析的是工作人员在完成某项任务时应该具备的条件和资格，如综合素养、能力、工作实践经验、学历等。

职位分析指在工作过程中收集各种相关数据，通过对这些数据进行总结，内容指向七个方面，分别是人物、时间、地点、发生的事情、原因和结果、相关人物。若这七个方面的信息全面且准确，则这份职位才能得到正确且详细的分析和描述。

（2）职位评价。职位评价是一种强化薪酬公平性的基本方式。职位评价是在职位分析基础上，通过明确职位的贡献大小，实现职位结构的形成。

（3）薪酬调查。薪酬调查的目的是确保薪酬制定的公平性。薪酬调查的首要步骤是选取重要职位展开调查，随之根据对外部市场的调查，收集重要职位的薪酬数据。通常，重要的职位是人人皆知且长久稳定的，而且重要职位必然具有较大的竞争力。除此之外，劳动力市场也应该明确界限，指与本公司竞争员工的企业。

薪酬调查表通常涉及四个部分，分别是基本信息、组织信息、员工的个人信息以及薪酬结构信息。常见的薪酬调查方式有问卷、访谈、电话以及网络等方式。

（4）确定薪酬结构。薪酬结构设计主要体现在三个层面，薪酬等级的差异、等级区间的设计，以及等级交叉范围的确定。若工作单位强调薪酬差距的拉大，则等级浮动的范围较广泛，若工作单位重视等级提升，则等级交叉幅度将会逐渐缩小。

2. 基于能力的基本工资体系

第一，明确核心能力。核心能力即所有技能相加之后的总和。核心能力主要包含四个特征，分别是独一无二的、值得借鉴和学习的、可扩展以及有价值的。

第二，建立能力模型。能力模型的形成是以员工绩效水平为切入点。其中，具有代表性的是指通过行为事件访谈法掌握绩效水平较高员工在相同工作环境下，如何实现目标以及充分发挥自身能力。能力模型的组成成分主要有能力概念的认知与理解、行为实例、标准水平以及高绩效。

第三，评估员工能力。此环节的主要工作内容是获取更加全面的信息，针对员工的个人表现和能力进行评价，信息的收集途径有用户反馈、领导对员工的评价以及员工之间的相互评价等。将员工的各方面表现与能力模型要求标准进行对照，评价者根据对照情况再针对员工能力进行评估。

第四，定位薪酬水平。根据对薪酬数据的收集与研究，将市场薪酬曲线绘制出来。除此之外，将职位评价作为坐标的横轴，将市场工资率作为坐标的纵轴，也能够绘制出市场薪酬曲线，进而掌握公司的工资水平在市场上所处的定位。通常有三种定位类型，即领先型、匹配型以及滞后型。

第五，融入能力工资。能力和基本工资相关联主要体现在两方面：一方面是直接挂钩，基本工资取决于员工的能力；另一方面是间接挂钩，基本工资取决于员工的职位等级和核心能力的总和，其中薪酬与职位挂钩，而基本工资与能力挂钩。人们经常提及的宽带薪酬结构属于间接挂钩，而宽带薪酬结构指重新组合不同的薪酬等级和上下浮动范围，从而发展为少量薪酬等级，并且缩短薪酬浮动范围。从工作人员角度分析，宽带薪酬结构的形成，使得员工在大部分工作时间内都无法实现跳跃式提高，并不影响员工的薪酬水平提高，虽然晋升空间较小或者机会较少，但是随着员工工作能力的增强以及经验积累，其薪酬水平也将会大幅度提高。

（二）可变工资体系

可变工资具体指奖金、津贴以及加班费等。奖金主要有两种类型，即绩效工资计划和激励工资计划。

1. 绩效工资计划

绩效工资计划指根据员工的绩效水平而给予的奖励。绩效工资包括三个组成部分：第一，业绩工资，指针对员工的绩效评价发放相应奖励，因而应该将业绩奖金归纳为基本工资范畴。随着业绩工资的不断积累，基本工资的基数也会随之提升，进而导致工资支付成本增加。第二，一次性奖励，指通过年终总结之后为个人或组织绩效而发放的奖励，但是不属于基本工资范畴。业绩工资和一次性奖励的差异主要体现在前者属于基本工资的附加部分，而后者是不在基本工资范围内的增加部分。第三，个人特殊奖励，即针对员工的特殊成就以及绩效超出部分所给予的特殊奖励。

2. 激励工资计划

激励工资计划指根据对员工个人和组织的绩效水平进行对照之后形成的奖励计划。从激励对象角度进行分类，激励工资计划包括个人和团体两种不同的激励计划。个人激励计划指根据员工个人绩效水平而制订的奖励计划，其奖励形式主要有计件工资和佣金等。团队激励计划指针对整个团队的绩效水平所制订的奖励计划。如今，大多数工作单位对团队协作力提出更高要求，因而团队激励计划受到高度重视。团队激励计划主要有两种类型：一种是利润分项计划，另一种是收益分享计划。

（三）福利体系

高校财务既应该为教职工发放基本工资，还应该为他们提供更多福利，调动员工的工作热情，保证工作人员对待工作的积极性和稳定性。福利体系通常涉及以下四个方面。

1. 实行福利补贴。高校福利补贴通常是在生活、供暖以及交通等方面给予。生活困难补贴指对于部分工资较低以及生活现状较困难的员工给予经济补助，尤其是无法正常生活的或是受到重大伤害导致生活水平急剧下降的员工，给予他们生活方面的资金补助。按照现实情况将交通费补贴分成两种：一种是用于工作上的道路交通补贴；另一种是由于公事穿梭于各个城市之间的交通补贴。

2. 规定探亲与休假制度。高校教职工隶属的部门属于公共部门，高校工作人员享有的待遇除了福利补贴之外，还应有探望亲属朋友的待遇。根据政府制定的休假制度，高校员工还享有病假、产假以及婚假等福利。

3. 社会保险。大部分高校购买的保险通常都是"五险一金"。"五险"指养老保险、工伤保险、失业保险、医疗保险以及生育保险；"一金"具体指住房公积金。

4. 完善福利设施。完善福利设施指为员工的平时生活提供更加方便的条件。首先，在饮食方面建设员工餐厅，主要以温饱为目的，采取收支差额补贴的方式，为教职员工的饮食提供便利服务。其次，在住宿方面建设员工住房。比如集体宿舍、住房公积金等，还有租房补贴。最后，文化娱乐设施的建设，具体指图书馆、博物馆以及体育馆等。

二、高校薪酬体系设计的原则

（一）公平性原则

薪酬的公平性与员工的绩效水平和生产效率具有显著的相关性，因而在薪酬结构设计过程中，应该遵守公平性原则。

薪酬公平性主要体现在三个层面：外部公平性指在同一个行业内，高校工作人员将自己的工资水平与外部工作者进行对比之后所形成的认知；内部公平性指校内所有工作人员之间进行工资对比之后所产生的感受；个人公平性指从事相同职位的工作人员之间进行工资对比之后而产生的感受。值得注意的是，组织内部的工作人员可能会对薪酬展开三种公平性比较。

（二）认可性原则

如果建立的薪酬体系没有得到员工的认可，则不论技术如何成熟依旧是没有成果的。因此，高校要让工作人员充分了解和掌握薪酬体系的制定过程以及工资结构的设计过程，还有决策的原因等问题。此外，激发工作人员积极加入薪酬决策过程中，或者采取交流的方式加强工作人员之间的配合能力，有利于薪酬体系尽快得到工作人员的认可和赞扬。

（三）竞争性原则

组织所给予的工资水平应该对所需人才具有一定促进作用，特别是和竞争对手比较的情况下，应具有明显优势。

高校工资水平的制定受到其经济实力、所需人才价值和能力等因素影响。良好的教学资源、成熟的师资力量以及先进的科研水平等是提高工资竞争优势的重要因素。

（四）激励性原则

完善的薪酬体系可以调动员工的工作动力，从而高效率、高质量地完成工作任务。因为每个岗位的任职要求、工作内容以及产生的价值都是不同的，所以要保证薪酬和岗位等级相匹配。若高校工作人员的薪酬与其价值大小和工作内容没有建立相关性，则必然会导致工作人员产生消极情绪。因此，担任重要职位的工作人员应该得到相对较高的薪酬，同时应该体现出一定的薪酬差距，绩效水平较高的工作人员能够获得较高薪酬，有效发挥激励作用。

（五）战略性原则

高校薪酬设计要以其战略文化为导向，并且薪酬制度的拟定要满足高校发展战略需求。薪酬体系设计始终秉承资源充分利用和有效整合的战略原则，促进提高学校综合实力；从另一种角度看，实施战略性原则的薪酬设计是学校的独特能力，增强学校的竞争力。结合对优秀人才的激励和吸引，薪酬设计要倾向于增强员工的综合能力，尤其是创新能力。

三、高校薪酬管理的现状

（一）基本工资现状

教职人员基本工资的组成主要包括国家规定的工资和政策性补贴等，完全依据国家制定的标准发放，基本工资是稳定的，且在全部薪酬中占比不高。

（二）可变工资现状

在高校薪酬体系中，可变工资具体指岗位津贴、课时津贴以及科研奖金等。岗位津贴是以高校设置的岗位职责为依据，从而获得岗位津贴。课时津贴指按照教学工作者所完成的课时数量而给予的工资。科研成果奖金指按照教学工作者所完成的教研任务以及发表的科研数量等发放奖金，其目的明确，是促进科研工作发展。

1. 岗位津贴

岗位津贴制度指根据岗位任务量和要求条件确定工资水平，即根据员工的绩效水平调整津贴的制度。岗位津贴制度存在两个特点：第一，按岗位确定津贴，根据岗位承担的职责以及难易程度等因素确定津贴，也是对传统薪酬分配制度做出的改革。早期薪酬分配制度主要是按照学历及工作经验制定。第二，津贴与岗位保持同步动态变动，即随着岗位变动，岗位津贴的等级和标准也发生改变，同时根据绩效水平再做出调整。现阶段，在高校教职人员所有收入中，岗位津贴已成为重要的收入组成部分。

（1）岗位设置。根据对岗位情况的全面了解和研究，从而设置岗位名称和数量。在设置教师岗位过程中，首先应该完善教师队伍，将不担任教学职位的工作者和教学专职工作者相分离，将教学队伍和研究队伍相分离，实施分类管理制度。

根据对教师时间管理研究，教师岗位可以分成三个系列，即教授系列、研究系列以及教学系列。教授系列作为团队中的主力军，兼具教学和科研双重职责，同时针对教授系列设置三级岗位，分别是助理教授、副教授和教授；研究系列的工作者专注于科研领域，没有教学方面的职责，其人员组成包括聘用人员以及访问学者等。此外，研究系列设置了四级岗位，分别是研究助理、助理研究员、副研究员以及研究员。教学系列主要针对的是教学任务，同时设置三级岗位，分别是助教、讲师和教授。

高校按照教职工岗位职责和工作任务的难易程度，将全部岗位分成以下三个层次：

第一层次为学校的关键岗位，此岗位在学校各个工作环节中都具有关键性作用。比如人才培养、科学研究、专业设置和管理等工作，是指教授岗位、优秀讲师岗位、科研岗位以及管理岗位等。教授岗位指在高校制定学科建设规划的前提下，根据教学以及科研制度，在不同专业的发展道路上设置重要岗位。其工作职责是引领学科的发展方向以及完成教学和科研等任务。此外，责任教授还要带领学术梯队实现制定的目标，并培养大量学术人才。在领导及管理者指引和督促下，责任教授团队有效完成学科内各项任务，从而实现优秀人才的培养以及学科的规范化建设。

第二层次为院（系）重点岗位。按照各院在教学、科研以及学科建设等方面的实际发展情况，以此明确各院重点岗位设置。各院所设置的重点岗位及数量不仅要符合学校规定，还要满足本院实际需求，同时还要在院内展开聘任工作。总之，各院设置重点岗位时应该做到按需设岗，还要倾向于学校所重视的学科建设和教学科研工作等。

第三层次为院（系）普通岗位。各院在减编以及转岗前提下，按照本院实际发展情况设置普通岗位。无论是校机关单位还是教学、科研等部门，都应按照学校的硬性规定以及岗位的实际需求，完成普通岗位设置的任务。

（2）岗位津贴等级和标准设计。岗位津贴制度存在的目的及意义，仅仅是鼓励少数优秀人才，与制度的改革和规划无关，更与福利待遇无关，岗位津贴是针对部分优秀教师而设置的，而且此制度具有特殊意义。

校内岗位津贴等级总共包括10级，校内和院内的重点岗位津贴等级相同，即岗位津贴等级为5~9级，而普通岗位的津贴等级仅为1~2级，10级暂时没有设置。不同等级津贴标准主要取决于学校的经济条件。

（3）岗位津贴的实施与管理。学校可以成立专门招聘工作小组，其组长职位通常由常务副校长担任，组内成员来自各个部门的负责人，主要工作任务除了重点岗位和普通岗位聘任之外，还要负责津贴等级制定的相关任务。除此之外，各院应该按照本院的实际发展情况以及需求，制定详细的规划和制度。教授级别的津贴和含7级以上岗位的津贴都是由学校发放。骨干讲员的岗位名额和津贴由学校公示发放至各院，最后各院根据规定标准明确岗位津贴的名单并予以下发。同样，6级（含）以下科研岗位的名单和津贴是由学校公示和发放至各院，各院按照相关规定和标准确定名单人员的津贴级别。校机关及各院所设置的重点岗位和普通岗位津贴，都由学校根据一定标准进行计算并发放至各单位，与此同时，各单位按等级标准进行分配和发放。

针对在职工作者的任务考核以及岗位津贴调整等方面，学校制定了更加严格且规范的制度，从而实现岗位津贴的规范管理以及在职工作者的科学化考核。

2.课时津贴与科研成果奖金

课时津贴指教职人员在年终考核合格基础上，超额完成教学任务而给予的薪酬；科研成果奖金指科研人员高质量、高效率地完成科研工作并取得显著科研成果所给予的奖金。

（三）员工福利

高校所有在职工作者都可以享受到国家法律规定的福利，也就是"五险一金"，具体指养老保险、失业保险、医疗保险、工伤保险、生育保险和住房公积金。除此之外，学校还要为教职人员补贴各种福利，比如节假日带薪、免费的子女教育以及医药费补助等。

总之，教育行业的工作者所享受的福利相比于其他行业更加多元化，然而，国内教育工作者的薪酬却普遍较低，虽然保证了一定的生活水平，但是其激励作用还有待提高。

第二节 高校人力资源薪酬管理中的问题和措施

一、我国高校人力资源薪酬管理中存在的问题

我国对高校薪酬制度进行了一定程度的改革，现行制度不同于以往制度的地方在于：不再遵循平均分配原则，打破薪酬方式单一性的局限，在一定程度上对教师起到激励作用。但是，我国高校薪酬制度仍不够完善，难免暴露出问题和劣势。

（一）管理制度与市场不接轨

虽然高校薪酬制度已不再受平均主义禁锢，但其与市场还存在脱节现象，高校教师的薪酬水平普遍低于类似行业或企业水平。外部竞争力是制定薪酬策略时必须考虑的一个因素，如果不能与市场接轨，高校薪酬在激烈的市场竞争中将处于绝对劣势状态，吸引力不强竞争力不足，将明显削弱其作用于教师的激励作用，甚至带来优秀人才的流失。所以，推行高校薪酬改革，弃传统观念刻不容缓，结合市场因素，整体提高高校教师的薪酬水平，加强其对潜在人才的吸引力及对现任教师的激励作用。

（二）管理制度与战略目标不紧扣

绝大多数高校在制定薪酬制度时并没有结合本校的战略目标。现实中，不同高校的优势、发展方向等各不相同，所以战略目标也各有差异，而战略目标的实现需要高校具备极大的竞争优势，所以根据战略目标制定薪酬策略，可以有效帮助高校提高竞争力。

如果高校的战略目标是成为一所一流的科研型高校，一方面要以提高地位

和增加薪酬为重点,给予科研型教师更多关注;另一方面要提高教师科研成果的奖励薪酬在全部薪酬中的比例。如果高校想借助薪酬优势吸引更多人才进而达到提升知名度的目标,其前提条件是拥有高水平的薪酬,至少是高于市场水平。

(三) 管理制度与职责描述和职位考核不衔接,缺乏操作性

薪酬管理制度包括岗位津贴制度,岗位聘任是岗位津贴制度的基础,而明确的岗位职责是制定科学、合理的岗位津贴制度的前提。岗位津贴制度已在高校薪酬制度中得到普遍实施,但岗位职责在岗位聘用书中的表述还不够明确和具体。此外,岗位考核作为岗位津贴制度的一个重点,同样是难点之一,由于一套考核指标体系不可能适用于所有院系、学科及岗位,因为他们有各自不同的岗位职责,所以必须按照具体的岗位职责制定相应的考核指标。

由此可见,清晰的岗位职责不仅有助于制定明确的考核标准,还大大提高了职位考核的可操作性,为实现岗位津贴的合理制定、有序调整提供有力保障。

(四) 管理制度忽略个人能力,影响整体竞争

大多数高校教师的薪酬主要由岗位津贴、课时津贴、科研奖金等部分组成,唯独没有能够体现教师能力的部分。社会的现代化发展已步入知识化阶段,知识型人才已成为炙手可热的资源,特别是对于知识密集型产业。

高校核心竞争力的强弱,很大程度上取决于任职教师拥有知识的多少,理应加大教师薪酬,体现其获得知识能力的比例。为此,不断促进高校教师朝着提高获得知识能力的方向努力,可以达到教师和学校双赢,即教师获得成长,能力取得提升,学校培养出更多优秀教师,核心竞争力明显增强。

(五) 福利政策多样化程度与比例低,难以保留与吸引人才

高校中的福利政策主要由法定福利和自主福利两部分组成,其中法定福利

属于传统福利形式,实施依据主要是国家法律法规,例如高校为职工缴纳"五险一金";自主福利相对灵活,但是我国高校目前实行的自主福利仍旧集中于加班补贴、住房补贴等内容,形式单一,其高校教师薪酬占比较小。

二、我国高校人力资源薪酬管理的改进措施

(一)基本工资体系的改进措施

当前,高校教师的基本工资由其岗位决定,即基本工资实行岗位工资制。由于教师岗位被分为助教、讲师、副教授和教授四级,所以岗位工资自然被分为四级,同时由于相同等级岗位的价值区分并没有具体的评判标准,所以只要是同等级就分配相同的基本工资,缺乏激励性。

要保证薪酬内部公平,具体表现为:对于同一等级岗位中的不同职位进行分析后得出这个等级岗位的亚等级,同时科学评价岗位,从而得出每个亚等级对应的薪酬标准。我国高校要重视市场对薪酬管理的作用,根据市场水平及时调整本校薪酬水平,逐步提高外部竞争性。

在知识经济时代背景下,人们在组织中发挥着越来越重要的作用,影响着产出和绩效根据岗位付薪,因为没有体现出个体差异性,所以不被知识性员工认可。根据能力付薪,可以激励员工主动学习知识、提高能力,同时使知识性员工对提升自我学习及发展能力的需求能力得到满足。通过把教师薪酬与能力挂钩可以有效提高高校的竞争力。所以,高校可以尝试宽带薪酬结构,其本质为能力决定薪酬,即由岗位决定薪酬层级,再按照教师需要具备的能力确定其在某一薪酬层级中的具体坐标,有助于促进教师更专注于提升个人能力和素质,更好地符合学校发展目标,从而增强学校的竞争优势。

(二)可变工资体系的改进措施

教师的可变工资由岗位津贴、课时津贴和科研奖金三部分组成。目前,高校已经广泛推行实施岗位津贴制度,但是该制度能够有效实施的前提是科学分析和评价岗位,所以高校必须从基础工作入手,着力加强薪酬制度内部公平性的建设。另外,因为岗位津贴根据当前岗位和业绩进行分配,所以可以有效提高教师对工作业绩的关注度,将更多精力投入工作中,同时注意破解由此带来的负面影响,比如只顾眼前利益的短期行为,此外应该深入学习体会老一辈教师的精神与经验。由于岗位、业绩等定量因素与个人学历、品质等定性因素共同影响津贴分配作用,所以必须做到有机结合定量与定性,综合考虑质量与数量,兼顾短期成果与长远利益,才能使收入分配制度发挥其作用。

因为业绩考核是实现可变工资的前提,所以绩效管理体系也是薪酬管理的重要组成部分。首先,根据学校战略目标设计绩效考核指标是关键,如果学校的核心竞争力是研究能力,应鼓励教师多参加科研项目,研究出更多科研成果;如果学校最荣耀的是教学水平,则应该加强对教师日常教学的督导。其次,高校亟待解决的一个难题,即考核的实施。大部分高校还很难做到根据业绩发放薪酬。由此可见,高校薪酬的内部公平难以真正实现,其激励作用难以发挥。所以,高校应把更多注意力放在绩效考核上,考核不是走过场,需要加强管理、监督实施,营造竞争氛围,不断激发教师的热情和潜力。

(三)福利体系的改进措施

步入经济时代,福利的重要作用逐渐体现出来。有效的福利政策不仅可以吸引人才,更能留住人才,符合员工需求,激发工作热情和积极性。可以从两个方面着手改善高校福利政策。

第一,丰富高校福利种类,在"五险一金"的基础上,设计更多福利方式,满足教师需求,如落实休息休假制度,保证员工的带薪休假、探亲假等,也可以组织优秀员工疗养休假或者旅游;解决住房问题,发放住房补贴或者能以优惠价格购买住房;提供班车、报销差旅费;建立职工食堂,或者发放餐补;每年组织一次体检;设立多种补充保险;保障教师子女入托入校工作;提供文体休闲地点和设施,开设兴趣小组和协会。

第二,调整薪酬结构,增加福利部分占比,切实发挥其吸引、保留和激励员工的作用。此外,高校可以探索知识经济背景下员工福利的新发展,从员工的个性化需求出发,设计自选式福利政策,进一步体现出高校福利政策的人性化、科学化。

第三节　高校建立合理的薪酬福利激励机制

一、构建合理教师激励机制的原则

教师激励机制是一项全面系统的工程,应该是一个全面有效的激励体系,不应仅限于传统的激励方法。通过激励机制来调动教师的积极性,有效地开发人的潜能,有利于高校人才队伍的稳定。因此,构建我国普通高校合理的教师激励机制要坚持以下四个原则。

(一)公平公正性原则

作为教师,每个人都希望自己的工作能够得到领导和社会的认可,有一个公正的评价体系。所以,高校教师的激励机制首要考虑的是公平公正,要确定统一标准的奖惩制度,对所有教师一视同仁。该公平公正原则不仅体现在绩效评估上,也体现在对劳动报酬的确定和分配方面。具体原则包括内部公平、外部公平、自我公平。

首先，内部公平是省内高校教师内部之间相互的比较。内部公平的与否将关系到教师对组织的忠诚度以及教师之间的相互合作关系，而这些都会反映在教师的科研和教学工作态度上。其次，外部公平是指高校的激励措施相对于其他高校来说是否公平合理。高校若将外部公平置之不理，那么高校教师流动性将会非常大，很难留住人才。外部的公平性需要管理者了解其他高校的情况，依此制定合理的激励方式。最后，自我公平与外部公平不同，是看激励力度是否与其所做的贡献相适应，是激励力度的一种纵向比较。

高校在设置教师激励机制时，除了需要考虑学校本身，也要关注教师的心理影响，只有这样，才能保证激励机制真正发挥作用，使建立的制度合理公正，并形成规范化、制度化评价标准，真正做到人尽其才。

（二）系统性原则

高校教师激励体制作为管理系统的一个组成部分，对教师激励策略进行优化必须要以系统观点看待。激励对象范围广泛，包括教授、副教授、讲师、助教以及实习人员等；激励形式要内外结合，齐头并进，保证正向激励的同时，也要辅以负向激励，形成统一化的激励措施，以求达到令人满意的激励效果。

（三）差异性原则

根据激励理论可知，由于人与人之间的差异性，导致每个人需要的激励存在差异。要达到激励效果，必须要满足人们最关注的需要。高校教师的差异性主要体现在年龄、性别、职称、学历、价值观和个性等方面。高校教师激励机制的建立和完善，要充分尊重高校教师的职业独特性，根据教师实际需求和外部因素综合考量，针对每个教师的差异以及需求层次，激励诱导因素多样化，从而确保能够充分调动教师的积极性和创造性。

（四）物质激励与精神激励相结合的原则

激励分为两种——物质激励与精神激励，在实际生活中，物质生活的富足和精神生活的满足同样重要。高校教师的物质激励主要是通过住房条件、工作环境、薪酬奖励等因素来体现，调动其积极性。

精神激励的种类有充分尊重人、满足人的成就感、帮助其自我实现等高层次需求，如果针对高校教师这一具体对象，主要分为个人成长环境、尊重程度和友谊、学校的学术氛围、人际交往关系、职位晋升机会、成就感等，这些不仅在内心成就感、归属感方面满足教师，对物质的需要也具有相应的调节作用。通过引导帮助教师从低层次需求过渡到高层次需求，追求个人最大满足。所以，为了进一步调动教师的积极主动性，在满足高校教师适当物质需要基础上，给予一定精神激励。除了个人成长、工作成就等精神条件外，也要重视教师的工作环境、住房和薪酬等物质基础。

二、教师激励机制设计合理化

激励机制构建应以人为本，在开发人力资源过程中，充分考虑高校实际情况，激励教师积极工作；建立具备强烈竞争力和吸引力的激励机制，尽可能地吸引、保留、培养一批优秀的科研人员和教师管理团队，促进我国高校教育持续健康发展，进一步为我国社会进步和高校建设贡献一份力量。

（一）规范教师聘用的形式

1. 建立正式的教师聘用制度

根据学校定位，完善高校用人制度以及相应配套措施，形成竞争和择优机制。岗位设置要求要以优化教师队伍结构为前提，健全教师社会保障体系，选择科学的聘用渠道，真正做到按聘制执行。教师的聘用制度应该充分以完成教学指标和科研任务为前提，结合本校实际状况，合理培养学科队伍，让教师聘用制度尽可能地合理化。

2. 完善聘任合同，加强考核管理

聘任要明确双方的权、责、利，避免合同流于形式，要真正发挥作用。做到岗位和职责相匹配，职称和津贴相匹配。同时，合同对于聘后的考核和管理应予以规定。绩效考核和人文关怀并济，不仅要客观地对教师的教学效果进行评价，还要考虑教师的个人状况，对他们进行适时的鼓励和关怀。考核的透明度、公正度、公平度等有待加强，进一步完善具体做法与考核指标，使考核指标更有针对性和可操作性。

（二）完善绩效考核体制

教师绩效考核评价是为了提升教师的专业素养与教学能力而对教师在工作中所贡献的价值或者潜在的能力进行判断与考核。教师绩效考评制度的合理有效性直接影响教师对学校的忠诚度和满意度。学校进行学科建设、人才培养以及发展科研，关键要素是必须要拥有一支精干高效的教师队伍。一套完善有效的考核制度将直接左右教师如何分配工作时间以及如何分配工作重心，这些要素也会影响教师发挥自己的潜在能力，进而影响最终高校的人才质量。针对目前考核制度的不足之处，可以从以下四个方面予以完善教师绩效考核制度。

1. 明确考核主体与期限

高校在考核过程中针对不同的考核内容，应具体落实到相应的考核主体。在考核评价中，科研管理部门及各院系间的协调也尤为重要。例如，某些高校虽然大多已形成以人力资源管理部门为主、相应部门单位协助的考核模式，但由于各单位沟通机制和渠道的缺乏，沟通效率低，时有矛盾产生，从而影响了考核评价工作的正常运转，影响了教师激励机制的充分发挥。总之，相关高校有待进一步形成教师考核评价工作的共识,建立有效的考核协调机制。

类型不同的高校可结合高校的实际情况,将考核主体进行细化。学校领导,考核小组,科研专家及学生应进行分组考核,不同考核主体考核不同内容,在此基础上,综合评价教师教学、服务及科研的总体绩效,考核指标的设计上可以适当增加教学方面的权重,作为考核重心。高校在确定绩效考核期限时,以岗位级别确定,如级别度低教师聘期相对较短,相反聘期相对较长的教师则级别较高。较合理的聘期为3—5年,这也比较符合部分高校教师考核现状。高校对教师的考核分定期考核与不定期考核,侧重点是教师自我剖析、同事的反馈和建议,通过辨别和确认教师发展的需要,为教师的发展做出安排,定期考核又分为年度考核、期中考核和期满考核。

2. 重视学生对教师的评价

学生对教师的评教制度在国外早已发展较为完善规范,而在我国,学生评教起步较晚。尽管在一定程度上也得到了较快发展,但是还存在很多问题有待完善。在付诸实践的过程中,人们发现学生评教设计内容不合理,导致这一评价流于形式,没有发挥真正的作用。同时,有的高校仍没有实现教育后现代化,存在师生地位不平等的现象,学生的态度缺乏权威性致使其评价结果往往得不到管理部门的重视。因此,在评价指标内容方面,应当将学生的心里想法放在首位,可以直接通过访谈调查了解学生对老师的评价,考虑学生的需求,从学生的角度出发,从而实现对教师最直接,最准确客观的评价。

3. 采取适当的评价方法

高校需要建立一个多元的考核评价体系,在充分考虑管理与职业发展的基础上,尽可能公平、公正地评价教师的教学质量,全方位地进行综合考量,面对各个层面人员,评价内容可以从被评价者的工作收获、工作成果、奖励及荣誉情况、评价者的内在需求与期望等方面进行收集汇总。由被评价者的领导、同事、学生分别从各个侧面对其进行考核，实施匿名评价体系，可以适当结合被评价者的自我评价，最后由专业人士向被评价者提出反馈。制定教师考核评价指标时要充分考虑教师的具体特征，注重以人为本，全方位认识教师。

4.建立有效的监督机制和反馈机制

在考核评价中一般限定了优秀等次的比例，教师要争取有限的优秀等次，竞争无疑是比较激烈的，所以教师都很关心学校的考核评价制度是否能真正公正，程序是否公开透明。学校可通过设立专门的监督和投诉受理机构，增加教师投诉渠道，提高投诉处理效率等。另外，高校的绩效反馈机制普遍缺乏，缺乏直接部门对绩效考评结果的客观分析，绩效考评结果没有真正反馈到教师身上，存在问题的教师一直得不到处理，业绩好的教师也不能及时得到鼓励，以至于并未充分鼓励他们的积极性，使教师考评失去原有价值。所以，高校应建立从上而下的教师绩效反馈制度，分层分级进行反馈，例如学校主管领导和主管部门主要负责高职称教师的反馈，各院系行政负责人负责副高职称教师的反馈，各教研室主任负责对其他教师进行反馈等。

（三）建立健全教师培训体系

成长需要是在事业上完善自我，发展自我，提升自我的需要，这种需要在生存需要，关系需要得到较多满足后，将会越发强烈。目前，因为高校教师培训资金的缺乏和教师资源的薄弱，导致教师对培训进修缺乏重视、教师培训存在培训内容单一、入岗新教师仅为岗前培训、培训方式没有创新、培训时间缺乏灵活性等问题。高校教师的成长需要相比其他需要是比较强烈的，但这一问题似乎并未引起重视，长期得不到应有的满足。这样的现状不利于保持教学质量的稳步提升和持久创新，更不利于教师以后的发展成长和工作主动性的发挥。因此，人们有必要将重视和满足教师的成长需要视为高校构建合理激励机制的重点工作。

目前,很多高校通过一些政策鼓励教师进修,然而这些政策实际的作用仅仅在于给了一个方向,具体到操作层次,其作用并非想象中那样明显。针对目前高校教师培训供求失衡,培训方式灵活性和针对性不足等普遍性问题,作为高校管理者,应该从以下三个方面进行改进。

1. 积极加强培训进修管理工作

相关部门可以为教师培训进修提供保障。学校必须切实加大经费支持力度,逐步增加教师培训进修的经费支出,保障教师培训制度的顺利开展。从加大培训投入着手,为体现培训创新、丰富培训内容、规范培训范围提供根本保证。

2. 制定适合高校的灵活多样的培训体系

每所高校由于类型不同,校内实际情况不同,各所高校采取的培训机制也应立足于高校的实际情况,从高校的实际需求出发,制定科学合理的适合该校灵活多样的培训体系。不同院别、职称、教龄的教师参与的培训项目应该各有侧重点和方向,从而不断扩大培训范围,增加培训人次,提高培训质量。例如,某些高校的兼职教师队伍中也不乏来自其他著名高校的退休教师,他们大多拥有丰富的教学经验,有特点的教学方式,从业时间长且职称学历较高。他们作为教师队伍中的前辈,可以起到指导、启发青年教师的作用,从而达到全面提高全体教师教学能力。可以利用现代化的信息网络来共享其他地域先进的教学方式及教学心得体会,既方便快捷,又节省资源。

3. 促进教师培训形式的多元化

目前我国很多高校都强调派出教师到校外参加培训,培训的各项成本费用较高,这一现状表明推动培训形式多元化的重要性。例如,应该积极鼓励中青年教师通过参加托福、雅思等出国外语考试,从而到国外进修深造,提升自我。聘请资深教师担任青年教师的导师,为青年教师提供全面、及时的指导等。

（四）设置科学合理的薪酬制度

薪酬是激励机制必不可少的组成部分。薪酬制度能否发挥其激励效果取决于薪酬的公平性。人们在公平的奖励条件下，才会产生内在动力，产生满足感，进而体现在今后的工作贡献中。在高校激励方面，薪酬对激发教师的工作动机，增强教师凝聚力等方面有着不可替代的作用。高校教师虽然有较高层次文化需求和取得成就的需求，但是他们同样需要生活，需要相应的报酬作为其发展的物质基础。所以，设计出一个完善的薪酬体系，对实现薪酬效能最大化具有很重要的现实意义。

部分教师将待遇水平视为较重要的激励因素，同时众多的教师对自己的待遇水平感到不满。有些教师还反映，学院教师的课时费在学院投资新校区后，还进行了整体性下调。针对目前高校教师薪酬方面存在着薪酬满意度不高、对个体激励不足等问题，有必要在薪酬制度上增加激励功能。因此，高校教师的物质激励应主要从以下两方面入手。

1. 薪酬激励制度的公平性原则

教师所得到的薪酬一方面激励其在以后的工作中更加努力，另一方面也是对其以前工作的肯定。现阶段高校教师的薪酬，应充分体现"效率优先、注重公平"的分配原则。高校薪酬设计要与该高校所在省的薪酬水平和经济发展状况相吻合，这样才会避免教师横向比较产生失落感。

第一，教师的薪酬应该合理对应教师的工作成果。高校教师由于学历、能力以及知识背景的不同造成他们对教学工作付出的贡献也不同，教师的这种差异性需要通过相应的薪酬标准公平地反映出来，这样才能使教师感受到学校管理层的公平合理。

第二，高校的薪酬体系应该结合该高校所在省的经济和政策现状，从大局出发，根据本省特殊性建立一个完善的薪酬体系，最大限度发挥薪酬激励制度的民主性，结合针对教师满意度的调查结果，让教师充分参与到薪酬设计和改革的过程中，充分参考教师的需求和意见。薪酬制度与教师的工作价值相吻合，只有体现出公平公正，才能使他们感受到组织内部的诚意。同时，薪酬要与绩效挂钩，薪酬设计要维持在一个合理标准之内，保证考核的科学性以及分配的公正性。

2. 改革现行分配制度，实行弹性的报酬制度

目前很多高校的津贴仍然没有受到重视，原因是考核过于形式化，最后变成教职工们都不重视考核，从而对努力工作投入的积极性也不高。在高校教师报酬分配中应该坚持"效率优先、优劳优酬"的原则。适当拉开收入差距，让工作突出的优秀教师得到更高的报酬，同时对其他人也是一种激励作用。针对青年教师，可按照他们的优势来具体增加他们的工作量，针对刚入职的教师，经济问题比较敏感，可以考虑让其兼任行政职务，从而给他们发班主任津贴，提高他们的收入。做到以人为本，真正关怀教师，使教师们在发挥自己优势的同时还提高了相应报酬，能有效彰显公平与效率，满足不同教师的需求。

很多高校的津贴建立在可以量化的教学工作量和科研工作量基础上，每年对教师进行考核，科研工作量很大，这种考核形式助推了学术腐败，部分教师为了追求物质利益，却忽略了科研成果和创新，原创性科研课题成果的很少。然而真正有价值的学术成果需要几年甚至更长的时间。

所以，高校在考核科研成果时发放津贴，应该采取弹性报酬模式，灵活变动，不能一贯采取年终一次性发放方式。例如，选择在科研结束时对其成果进行考核，合格后发放津贴，否则给予一定比例扣除。站在一个全新的角度，全面建设良好的科研环境，鼓励有质量的科研成果。

对于薪酬，首先是教师工作和价值的体现；其次是他们的劳动成果。薪酬激励已经慢慢发展成为一种教师考量自我价值实现的方式，认为是其成就和业

绩的象征，教师希望自己可以通过努力获得相应的工作报酬和成果，另一方面又期待薪酬的提升，以此增加他们的满意程度，进而提升自我实现感和喜悦感。

（五）完善福利制度

物质利益是人最基本的利益，因而人们很关注物质方面的激励。在高校中，教师的岗位基本工资、课时补贴、奖金等货币薪酬，为高校教师提供了稳定的生活和发展的保障。但真正有效的激励应该是以物质激励为基础，却又不能仅仅注重对员工物质利益的满足，应该是物质激励和精神激励相结合的"同步激励"。高校教师面对的群体和工作的复杂性决定了他们激励和考核的特殊性。若仅仅对其进行物质激励，而弱化对教师精神满意度的调动，效果往往事倍功半。目前高校教师薪酬中福利部分主要涵盖了各项社会保险、住房公积金以及各项补贴等内容，这些制度的发布对教师激励起到了一定的积极作用。同时，高校还可以通过以下四个具体福利措施实现对高校教师的精神激励。

1. 定期学术休假福利

高校可以针对不同类型教师实行不同方案。例如对于高校教师中年终考评成绩良好，并且在职时间达5年以上的教师提供学术休假的福利；对于连续两年考核成绩优秀的教师，可以获得半年到一年的学术休假；对于入职时间短的青年教师，学术休假时间则相应缩短，青年教师可以利用有限的休假进行学习、培训，真正将休假福利制度落到实处。同时在休假期间，学校承诺教师待遇不发生任何改变。

2. 健康福利

学校后勤管理部门可以综合考虑学校教师情况，定期为学院教师购买补充医疗保险及大病医疗保险。例如，考虑到年老教职工体弱多病等情况，可以为教师统一购买大病医疗保险。满足教师的安全及生存需要，增加员工的幸福感。

相信拥有健全的医疗保障和健康的身体，教师会以更加饱满的热情投入工作中，给学校最好的回报。

3. 奖励福利

奖励不仅要有精神鼓励，还要有相应的物质鼓励，如在每年教师节、三八妇女节、国庆节等节日时，颁发证书或勋章和礼品，给予一定荣誉称号，通过该种形式提升教师的荣誉感，让他们在得到内心满足感的同时，进一步将优秀的成果显现化，各种优惠政策应该相互结合统一实施。

4. 住房福利

针对高校中青年教师比例十分大，青年教师住房难的问题，学校可以从教师角度设身处地着想，以方便他们的生活为出发点，主动为住房困难的青年教师提供教师宿舍，作为其经济困难时期的过渡。学校简单的举措，却为无房住的教师解决了最基本的需求，减轻了他们的经济压力。教师幸福感提升，激励机制也真正发挥了作用。

总之，传统的固定福利很难满足高校教师的差异性需求，使得实施福利的效果受到影响，要发挥福利的激励作用，就应该在福利设计体系中体现出福利的人性化和灵活性等特点。

第四节　高校教师社会保障体系现状

一、我国高校教师社会保障体系现状

（一）管理机构

依据管理机构分类，除省属以及教育部直属高校在相应的升级社保机构参保外，剩余部分都在市级社保机构参保。

（二）编制类型的参保情况

从编制类型角度来看，学校人力资源处（劳资或社保）负责事业编制人员的保险参保管理。而非编制人员的社会保险管理主要有几种情况。首先，北京、杭州、天津、上海和南京等地的派遣劳务主要由人力资源处的人力资源中心统一规划和管理；其次，人力资源处的人力资源中心负责管理；最后，人力资源处（劳资或社保）主要负责管理。

（三）社会保险工作的高校内部机构

根据高校社会保险内部管理机构的不同进行区分，大多数高校都成立了相应的社会保障科、社会保障服务中心或者社会保障办公室，少数部分高校的社会保障工作由劳资科负责，一般依据高校的规模设置一到两个专职社会保险人员负责此部分工作，然后科室内部根据工作需求协调和派遣相应人员；极少数高校采用的是劳资科和人力资源中心协调管理模式。

二、我国高校教师社会保障体系的构建对策

高校教师是我国事业单位人员的关键组成部分，其社会保障体系与国家财政政策和其他政策密不可分。促进机关事业单位工作人员养老保险制度改革的过程，主要将高校教师所涉及的社会保障体系划分为五种类型：医疗、养老、失业、工伤以及生育。关于个人和单位缴纳比例，基本与企业职工的社会保障体系保持一致。不可忽视的是，高校教师作为一个知识密集型行业，扮演着不同的角色，除了要承担教书育人的教育使命，还要保证一定数量的科研成果，并且要为国家培养人才和建设国家创新体系贡献自己的全部力量。高校教师一般是具有高学历的知识人才，很多高校教师有着高学历，甚至还有很多海外留学的学位，这些学历和知识的获得需要付出大量时间和精力。

要真正了解我国高校教师的社会保障体系，必须深入了解其职业特殊性，他们不仅拥有整个社会的共性，也有属于自己的特殊性，通过提高高校核心竞争力的方式，使高校能够在人才培养等领域中脱颖而出。

（一）制定各具特色的教师社会保障制度

新疆财经大学通过实行期权制政策，利用该收入的远期分配计划，有效提高教职工的工作热情和主动性，也有效防止高层次人才的流失。上海交通大学最先加入上海总工会实施补充养老保险制度的行列，成功购买年利率高于8%的养老保险，而且是低价购买，使教职工能够在退休后一次性获得养老金的金额远远高于投保额。通过这些优惠政策，不仅为教职工提供了更好的利益，也在一定程度上宣传了学校的知名度。

除了国家规定的社会保障制度，各高校可以根据自己院校的实际情况，设置相应的补充保险制度。保险制度形式种类多种多样，可以是补充养老保险，可以是补充医疗保险，也可以是通过延期收入分配制度或者增加商业医疗等。根据保障和激励的人才差异，主要针对的群体是教职工，或者是高层次引进人才，或者是青年教师。对此，学校要根据学校和保障人群特点，制定合理的补充保障制度，只有制定出科学合理的制度，才能确保其有效实施。

（二）建立多层次而非单一的社会保障体系

社会保障可以运用实物性和服务性的福利补充。比如，校医院通过定期开展讲座的形式宣传健康知识；每年为离退休教师健康检查等；组建学生志愿者队伍，自愿护理离退休教职工的基本生活。

（三）提高社会保险管理服务水平

目前，社会保障存在的主要问题在于各级机构过于系统化，层级之间权限不够明晰，且区域政策存在差异，办理流程依然有很多缺陷；对于高校教师社会保障制度，各级教育行政部门不够重视，因此没有形成完善的体系和可实施的政策。所以，要推行事业单位工作人员的养老保险制度改革，需要面对的主要困难有范围广、政策性强、情况复杂多变，高校人力资源部门必须给予高度重视。对此，针对各个单位的实际情况，组建社会保障组织，增加此项工作的办事人员数量和经费，给予相应的工作环境，将业务流程进一步规范和细化，务必做到专业化和信息化统筹兼顾，进而确保工作效率与服务质量的提高。

第七章　高校人力资源管理创新实践

人力资源管理是高校管理的核心任务，在飞速发展的大数据时代下，针对高校人力资源管理中出现的问题，运用新的管理方式和科学的数据分析，提高人力资源管理效果，促进高校各项事业的发展，实现高校人力资源管理的新篇章。

第一节　高校利用大数据优化人力资源管理的探索

一、大数据时代下高校人力资源管理的不足之处

（一）高校人力资源配置效率方面

纵观国内一些高等院校，一些学校没有配置科学的人力资源机制，收集教职工的信息不全面。在收集教职工信息的时候，存在信息不对称情况，不能对教职工的具体信息加以把控，难以给职工教学的匹配岗位，造成人员配置不均衡、不科学的现象。此外，高校内的专业技术老师和管理人员缺乏。配置人力资源水平较低，导致人才浪费情况时有发生，这对高等院校的可持续发展造成深层次的影响。要想很好地解决这一问题，高校人事部门应该主动应对信息变化，深入学习和了解大数据知识，不断更新和调整人力资源管理模式，从根本上扭转这一现象。

（二）高校人力资源管理模式方面

最近几年，科学技术获得快速发展，出现了一大批新的技术，这些技术在各个行业之中得到了广泛的运用。就高校而言，人事部门开展工作的时候，存在管理模式落后、手段粗糙、效率不高等情况。甚至一些高校还没有建立专门的人事管理部门在社会高速发展的背景下，作为高等院校应该紧跟时代发展潮流，变革技术设备，应用新的技术和管理手段，建立健全科学的人事管理模式。

（三）高校人力资源管理方面

对于高校的人力资源管理部门来说，它实际上是为其他管理部门提供帮助的辅助性部门，其很多工作都是为别的部门的运转提供支援。一般情况下，在其他部门产生一定的需求后，人力资源部门根据这些需求进行协调和帮助，在这种情况下就容易使产生相关的工作滞后，这种滞后又常常使人力资源工作变得更为紧张和烦琐。如果不能及时地解决问题，将会招致相关部门的不满。因此高校的人力资源工作应当具有前瞻性和预见性。

（四）大数据技术使用意识方面

部分高校领导认为高校人力资源管理的大数据建设是人力资源部门的事情，缺乏对人力资源大数据分析、挖掘、利用的认识，仍停留在传统的管理方式工作状态下。这就使得管理者只注重对工作的管理，忽视了大数据支撑高校人力资源决策的重要性，忽视了高校利用所有师生的相关数据为高校招聘、培训、绩效考核等提供科学决策建议的依据，也忽视了大数据技术协助高校进行人才测评的价值，不能准确选用、提拔和留住最优秀的教师。

（五）高校人事档案信息化建设的信息来源方面

目前，人事档案信息的来源主要是人事档案，但是档案涵盖的信息范围有限，而且"千人一面"。其原因是多方面的：

第一，档案材料的收集范围限定在十大类，不足以展现个体全貌。作为高校教师主业的教学、科研工作的过程、成果与评价，以及高校转型发展过程中教师深入企事业单位、服务社会的实践材料都不属于归档范围。

第二，现有归档材料承载的信息有限。如教职工的年度考核表作为唯一归入档案的工作业绩总结，总结部分只占A4纸的2/3篇幅，即便用小五号字体打印也不过30行，承载的信息非常有限，难以详尽反映个人年度工作的全貌。

第三，档案中的个人考核评价千篇一律，体现不出鲜明的个性。

第四，档案的保密要求使得当事人无权查阅本人档案，无法知晓档案是否齐全，更不能做到及时补充和完善。这种状况离"大人事档案数据"的要求相去甚远。

（六）高校人力资源大数据技术配置方面

在高校发展中，自身体制机制落后、缺乏创新精神，是不能衔接大数据技术的重要缘由，也是配置不合理、效率低的主要原因。大数据技术配置弱，主要体现在信息收集、信息处理、信息传递、信息分析研究应用等方面。例如，信息收集不全面，有关领导就不能准确部署教学工作安排；信息处理不当，教管人员就不能准确评估教师的工作质量；信息传递失误，相关教职员工就不能准确完成教学任务，这都严重影响了各项工作的质量和效率。此外，如果人力资源大数据技术配置不合理，不但不能提供科学的人力资源规划，还会造成高校人力资源、财力资源巨大的浪费，如出现资源闲置、一岗多人等情况。总之，大数据技术资源配置是一把双刃剑，以适合为度，这个问题没有得到解决，不仅会加重高校发展的经济负担，也会加剧高校内部的矛盾。

二、大数据时代下高校人力资源管理措施

（一）大数据与教师招聘配置

事实上，多个子数据集，存在于大数据之中，这些数据涵盖教职工的所有信息，人事部门可以依靠这些信息，全面了解每一位教职工，进而为其匹配合适的岗位，实现人尽其用。在大数据技术的帮助下，高等院校可以不断提升人员招聘和匹配效率，摆脱招聘和配置的盲目性，尽可能地留住优秀人才。

大数据与教师招聘与配置。大数据中包含很多子数据集，每一个子数据集都包含了一个人全部的信息，包括工作、学习，社会关系，生活状况、能力和潜力的开发、工作效率以及道德记录等。这样在应聘过程中，高校就能直接获取应聘者的各种信息，不仅包括人力资源管理的大数据信息，还包括财务数据和道德数据等，从而全面了解应聘者，实现精准的"人岗匹配"，做到"人尽其才，人事相宜"的状态。借助大数据的支持，可以有效提高高校人员的招聘与配置效率，在评估、分析、反馈等各环节都有所提升。利用大数据进行高校人才招聘的遴选和聘用，不仅可以有效避免"井底之蛙"的眼界，还可以防止拥有人事权利的某些人以权谋私，促进人才的高效流动，最大限度地避免人为因素导致的不公平现象。

（二）大数据与教师绩效考核

在大数据环境中，进行绩效考核指标设定时，应当将定量指标和定性指标结合在一起，如将教师的教学课时、科研成果、学生满意度等作为定量指标，而将教师的品德、责任心、创新能力、协作能力、工作态度等作为定性指标。通过对这些数据的收集和统计，合理地确定不同指标在绩效考核中所占据的比重。此外，要想在绩效考核中做到公平公正，需要改革原有的考核方案，建立

新的绩效考核模式，对各个不同的岗位进行分析，应用现代科技和优质平台，对相关数据进行收集和分析，构建起一个以数据为基础的绩效考核系统，专门用来对教师的工作情况进行评价，不但可以对员工已经做出的贡献进行客观的评定；同时，还可以对以后的工作提出具体指导意见。

（三）大数据与教师薪酬管理

对每一位教职工来讲，薪资待遇和他们息息相关，他们也比较重视这项工作，所以高等院校在建立和改革薪酬制度的过程中，应该秉承"内部公平、外部公平和自我公平"的原则。借助运用大数据，高校可以从宏观上掌握行业的工资水平，把握国内薪资情况，然后根据高校自身情况，结合相关参考，出台科学的薪酬管理制度。

（四）大数据与教师的开发培训

纵观高等院校人力资源管理工作，其最重要的组成部分为教职工的职业生涯培训。在大数据背景下，我们以教职工的所有数据为基数开展人力资源管理工作，所以我们在对教职工相关信息收集的过程中，除了收集应聘岗位等基本信息外，还应该对教职工的晋升意愿、就职情况等信息加以了解，充分挖掘和教职工职业规划相关的信息内容。

然后通过量化分析教职工的这些信息，形成每一个教职工的信息集。对高等院校人力资源管理部门来讲，可以基于大数据环境，开发出相关的测试系统，教职工通过测试全面了解其行为，为教职工岗位匹配度进行衡量，找到最佳的岗位，然后根据实际情况进行岗位调整，主动开展工作，保障每一位教职工在合适的岗位上为高校的可持续发展贡献力量。

总之，要推进高校精准招聘、培训，构建人才梯队。利用大数据技术，高校能在第一时间掌握岗位人员的基本情况。依据高校的实际情况，可以从市场中寻找到所需要的各类骨干教师,从而填补教师岗位的空缺。另外,高校通过大数据技术,能够及时掌握教师的教学能力。通过相应的数据显示,可以对教师能力的薄弱环节,进行有针对性的辅导。借助大数据技术,为教师提供准的培训服务,能够提升教师自身的专业技能和职业素养。高校可以利用大数据技术,构建信息化平台,打通学校与教师间的渠道,吸纳教师合理化建议意见,减少教师与高校间的矛盾。同时,高校利用大数据技术,可以建立稳定的人才梯队,从而为高校的全面发展提供更多的后备支持。

第二节 大数据环境下高校人事档案的建设创新

一、大数据环境下高校人事资源管理

"高校"是个复杂的综合管理单位,教师的管理又成为高校的重要任务,使用大数据的方式管理教师将成为高校人事资源管理的新趋势。

(一)实现"人岗匹配"

通过大数据技术及大数据下管理的信息系统,根据高校人事信息收集已经在岗位工作的绩效优秀的教师在教学、科研、学生教育与管理上的各项信息及个体特征等要素,建立相关岗位的优秀的人才模式,挑选专业水平、工作能力、兴趣爱好与岗位需求匹配程度最精准的匹配。对于招聘的岗位人员的选择,在获取应聘者信息的基础上,通过岗位优秀人才模式与应聘者的匹配进行筛选,避免面试官因信息掌握不全对招聘带来的影响,更加谨慎选择应聘者,建立高校人才队伍。利用高校人事档案信息管理系统的大数据资源和技术,对人力资源与岗位之间的相关性进行分析,可实现以下内容。

第一，针对高校人事档案信息管理中的在岗优秀的教职工，进行信息的收集和分析，观察其各个特征要素，并利用相关算法，形成优秀的人才模型。

第二，立足于已经形成的优秀人才模型，根据在不同岗位中的工作差异，选择那些专业能力强和工作能力强的，对他们的性格特点和岗位之间的匹配进行分析，从而形成精准匹配。

第三，在选择拟招聘岗位中，要对应聘者相关的信息进行获取，并且在这个基础上，利用大数据进行全面分析，研究其他的信息，比如，生活状况和社会关系，以及其三观和性格等，这可以形成比较全面的立体的信息，可以在岗位选拔中，对人才进行匹配，按照程度来完成筛选。

（二）实现信息关联融合

通过完成教师信息从纸质到电子档案的管理工作，来不断实现信息关联融合。在职、离退休人员的学历、职称、工资情况、考核情况已经从原先的纸质版梳理为电子档案，并通过统一的工资平台实现网络化操作，更加方便查阅。同时也建立了社保系统，每个人的社保都与其基本信息挂钩，更便于改革。借助信息平台，已将高校教职工教学任务、财务管理等数据通过公开、透明的方式提供给教师，充分尊重教师的知情权和"主人翁"地位可以使其与学校之间有更紧密的关系。

（三）实现高校人才队伍的持续稳定

借助大数据时代下高校人力资源的管理方式，对高校的人力资源发展进行预测，维护高校人才队伍的稳定。结合大数据时代下高校人力资源管理的模式，对现有的教师结构进行分析，对未来高校人力资源发展趋势进行预测，对热门专业的教师提前做好培养、引进工作，不断壮大师资力量，对即将没落的专业的教师做好调整工作，确保高级人才的稳定性，提升学校的竞争能力，逐步发展强大。

(四)实现教师工作的全面衡量和考核

大数据时代下建立考核细分体系全面衡量教师工作。考核是为了衡量教师一年的全面工作业绩,不断提高教学水平。传统的考核并不全面,往往过于形式化。将建立考核,用数据衡量教师的课时量、出勤率、科研结果,把全据整合,用来衡量教师一年的业绩。对于考核综合评分高的给予奖励,对于综合评分低的将调整岗位,用数据体现考核结果,让考核公平、透明,激发教师工作热情,避免平均主义。

二、大数据环境下高校人事档案数字化管理

在高校人事档案数字化管理过程中,应当在坚持上述基本原则的基础上采取措施积极推动实施高校人事档案数字化管理,具体措施主要包括积极以"服务"为取向重塑档案管理理念,以"高效"为目标加强团队管理建设,以"安全"为导向建设档案数据库,以"规范"为方向理顺档案管理制度,以"完备"为标准加强基础设施建设。

(一)以"服务"为取向重塑档案管理理念

服务性原则是高校人事档案数字化管理的首要原则。在服务性原则的指导下,传统的"管控"思维和管理理念已难以满足高校人事档案管理事业发展的需要,高校人事档案管理部门必须努力实现以"服务"为取向重塑档案管理理念,具体而言,必须做到以下几点:

1. 突出人事档案的服务功能

在高校人事档案数字化管理过程中,必须紧紧以问题为导向,直指传统管理理念中较为突出的、片面的、静止的、单一的管理理念和管理思维,以顺应市场经济发展要求和聘任制改革趋势的契机,树立动态化思维以转变静止的管

理理念，在高校人事档案数据库建设中所有人一视同仁、平等对待来扭转片面性的管理思维，充分发挥现代信息技术的便捷条件，打破传统的、单一的管理理念和思维模式。

总之，在当前的大数据背景下，加强高校的人事档案管理工作，就需要针对各个高校人力资源，进行信息和数据的统一收集，并且利用大数据，进行数据之间各关系的探索，并对最终的结果进行预测，从而，明确高校的人力资源管理优势、加强培训工作的开展。因此，只有利用大数据、建设人事档案、加强信息化管理和建设，才可以为高校人力资源管理发展提供不断科学化和道路。

2. 增强高校人事档案数字化管理的服务功能

在高校人事档案数字化管理过程中，应当顺应大数据时代的发展需要，树立动态化、全面化、多元化的管理理念，以增强高校人事档案数字化管理的服务功能。在大数据时代背景下，高校人事档案数字化管理迎来了重要的发展机遇又面临着严峻的现实挑战，其中，管理理念的滞后便是最为突出的问题之一。大数据时代的来临给管理理念带来的最为直接的影响是从"管控"向"服务"的价值取向转型，当然这种转型并非一蹴而就的，而是一种缓慢发生的渐进过程。为此，顺应大数据时代的发展需要，积极更新高校人事档案数字化管理的发展理念，努力增强高校人事档案数字化管理的服务功能，便是高校人事档案数字化管理健康可持续发展的当务之急。

（1）积极借鉴大数据时代背景下动态化的管理思维

高校人事档案数字化管理应当积极借鉴大数据时代背景下动态化的管理思维。这对高校人事档案数据库建设具有重要的指导和借鉴意义，可以说，高校人事档案数据库建设只有起点没有终点，应当根据高校人事档案数字化管理的发展需要不断进行发展完善。为此，在高校人事档案数据库建设中，高校人事档案管理人员应当树立动态化的管理思维，并要注重和强调高校人事档案数据库的实时更新和发展完善,而非被动地等到人事职务变迁才进行相关的档案建设跟进。同时,高校人事档案管理人员还应当定期或不定期地收集高校工作人员的工作业绩、实践活动与政治思想等方面的资料,时刻以数据库的动态发展为需求,不断完善高校人事档案的数据库建设,以便更好地服务高校人事档案数字化管理实践以及高校人事档案管理事业的健康发展。

(2)努力增强高校人事档案数字化管理的服务能力

高校人事档案数字化管理应当积极引入大数据时代背景下全面化的管理思维,努力增强高校人事档案数字化管理的综合服务能力。高校人事档案数字化管理过程中,树立全面化的管理思维就要正确处理好以下几对关系。

一,正确处理高校人事档案数据库的完整性与安全性的关系。高校人事档案数据库的完整性与安全性是数据库建设的一体两面,在高校人事档案数据库建设中树立全面化的管理思维,就不能顾此失彼、厚此薄彼,而应该统筹兼顾、协调发展。在高校人事档案数字化管理实践中建设高校人事档案数据库,要一视同仁地对待高校干部人事档案与普通高校教职人员的人事档案,力求均衡发展、同等对待。同时,要加强高校人事档案数据库的安全性建设,并以安全性为支撑维系高校人事档案数据库的完整性。

二,要正确看待"数字化"管理与"文本化"管理的优势与局限,努力谋求两者的良性配合、协调发展。在高校人事档案数字化管理过程中,并不是一味地追求数字技术革新的技术至上,而应当在实现"数字化"管理与"文本化"管理的良性配合、协调发展,这就要求高校人事档案管理部门的相关人员充分认识数字化管理技术的功能与作用、文本化管理的局限与价值,在此基础上积极发挥两者各自的优势,努力规避两者各自的局限,实现两者的良性互动与和谐发展。

(3)努力改善高校人事档案数字化管理的服务效果

高校人事档案数字化管理过程中,还应当努力借鉴大数据时代背景下多元化的管理思维:努力改善高校人事档案数字化管理的服务效果。在大数据时代背景下,数据信息的类别不再局限于传统"小数据"时代结构化的文本统计,而是增添了许多种类繁多的非结构化数据信息,大量的视频、音频、图片等数据资料被广泛收集和统计出来,这给高校人事档案数字化管理理念更新带来新的启示,即应当树立多元化的管理思维。既要重视传统文本化的管理方式,又要积极发挥数字化管理的突出优势;既要重视数据库自身的安全性建设,又要突出数据库管理人员的保密意识;既要重视传统管理方式的积极作用,又要积极借鉴数字化管理技术的便利条件。多元化的管理思维带来了高校人事档案数字化管理思维的重要突破,管理者在多元化理念的指导下更容易具有包容性的心态,积极地迎接大数据时代来临带来的机遇,努力寻求和不断开拓高校人事档案数字化管理的新境界。

(二)以"高效"为目标加强管理团队建设

管理团队建设也是制约高校人事档案数字化管理团队中人员素质提升的关键因素,而加强管理团队建设是破解高校人事档案数字化管理团队中人员素质偏低这一困境的根本措施。在高校人事档案数字化管理过程中加强管理团队建设需要以高效为目标导向,打造一支专业化素质比较强、复合型人才比较多、梯队分布相对合理的高素质、高效率的管理团队。基于大数据视角的高校人事档案建设助力人力资源管理,促进高校师资队伍的不断优化,最终实现服务地方经济社会的需求。人才培养、科学研究、社会服务是高校的三大职能,是高校赖以存在的基础及发展方向。随着大数据时代的到来,大数据人才的匮乏、大数据技术的逐步完善、利用大数据服务区域社会的强烈需求,必然要求高校培养大数据专业人才,对大数据技术进行深入研究,服务区域社会。因而引进大数据方面的师资、高层次人才及团队将成为必然趋势。为此，加强管理团队建设需要从以下三个方面进行努力。

1. 构建专业化人才队伍

加强管理人员的专业化、专职化建设，着力构建专业化程度比较高的高校人事档案数字化管理人才队伍。高校人事档案数字化管理人才队伍建设的首要任务是加强管理团队的专业化、专职化建设，提高管理人员的专业化程度。为此，需要从以下几个方面入手：

一，加强领导对高校人事档案数字化管理人员专业化的重视程度，这是高校人事档案数字化管理团队专业化、专职化建设的重要保障。

二，基于大数据视角的高校人事档案信息化建设。基于大数据视角的高校人事档案信息化建设也是非常必要的，为信息化建设提供了一个全新的视角，不断拓宽信息来源，全面提高数据收的完整性、数据分析的高效性、人力资源发展趋势预测的精准性，不仅能够提升高校人力资源管理的效率，而且能够引领人力资源管理走向科学管理、主动适应未来发展趋势的新时代，必将成为高校人力资源管理发展的新起点。

三，严格高校人事档案数字化管理人才招聘选拔的程序设计和素质条件，这是高校人事档案数字化管理团队专业化、专职化建设的关键。高校人事档案数字化管理团队专业化、专职化建设的关键仍然是要严把入口，加强相关管理人员素质技能的专业化程度要求，其中就目前而言最需要的是增加相关专业技术人才的招聘。

四，不断加强高校人事档案数字化管理人员的专业技能培训，这是高校人事档案数字化管理团队专业化、专职化建设的重点所在。对于现在从事高校人事档案数字化管理的管理人员而言，专业技能培训无疑是提高专业技能的重要手段。高校人事档案管理部门应当加大专项经费投入，定期对相关的管理人员进行专业技能培训，并对培训学习效果进行量化考核，将考核结果纳入员工考核体系并使其形成制度化。

2. 培育复合型人才队伍

加强管理人员的综合技能培训，大力培育以复合型人才为主的高校人事档案数字化管理人才队伍。在大数据时代背景下开展高校人事档案数字化管理，对管理人才的要求越来越高，对复合型人才的需求越来越强烈，而目前以专业背景招募的高校人事档案数字化管理人才仍然只是能够完成某些专项任务的专门人才，为此必须采取措施提高管理人员的综合技能，为此，需要做以下努力。

一方面，要加强高校人事档案数字化管理人员的综合技能培训，不断丰富和完善高校人事档案管理人员的知识结构和理论储备。在大数据时代背景下，相关人事档案管理的从业人员"不仅需要具备图书、情报、档案学的专业知识，还需具备广博的知识、现代信息技术应用能力、信息加工处理能力、计算机网络及日常使用及管理维护等方面的知识"。高校人事档案管理部门要把综合技能培训成常态化、制度化，并在实践中不断地丰富和发展综合技能培训的形式。

另一方面，要加强管理人员外出交流学习实践的机会，积极借鉴高校人事档案数字化管理效果显著的团队建设经验。

总之，在高校人事档案数字化管理过程中，要注意采取形式多样的交流、培训等手段，不断地培育和发展高校人事档案数字化管理人员的综合技能，积极形成以复合型人才为主的高校人事档案数字化管理人才队伍，以更好地服务高校人事档案数字化管理实践发展的需要。

3. 加强管理人员的梯队建设

加强管理人员的梯队建设，形成梯队合理分布、人员搭配良好的高校人事档案数字化管理团队。高校人事档案数字化管理不仅要注意满足现阶段的人事档案管理需要，更要注意关注高校人事档案管理事业的长期可持续发展。

梯队合理分布、人员搭配良好的数字化管理团队，既是满足高校现实发展需要的重要条件，又是高校人事档案管理事业持续发展的重要人才资源保障。加强管理团队的梯队建设，合理搭配管理团队的管理人员，既是加强管理团队建设的重要任务，也是破解当前高校人事档案数字化管理人才发展困境的现实要求。在大数据时代背景下加强高校人事档案数字化管理人才的梯队建设需要注意以下几个方面。

一，要注意综合考虑高校人事档案数字化管理人员的年龄结构、性别比例、知识层次、兴趣爱好、能力特长等，并对其进行合理安排和精心搭配。这既是高校人事档案数字化管理梯队建设必须注意的方向，更是加强高校人事档案数字化管理在人才梯队建设的基本措施。高校人事档案数字化管理实践过程中，要立足实际情况和现有人才素质队伍的基础条件，合理地搭配和组合团队中的年龄结构、性别比例、知识层次、兴趣爱好、能力特长，形成梯队合理分布的高校人事档案数字化管理人才队伍。

二，要妥善处理梯队建设与现实人才素质要求的关系。现实的人才素质要求是满足高校人事档案数字化管理现实需要的重要人力资源条件，也是开展高校人事档案数字化管理梯队建设的前提和基础；高校人事档案数字化管理梯队建设是在满足高校人事档案数字化管理现实人才素质要求的基础上，对现实人力资源的合理安排与优化组合，以充分保障高校人事档案数字化管理人才队伍的可持续发展。

总之，在高校人事档案数字化管理过程中，高校人事档案管理部门应当着力加强管理人员的专业化、专职化建设，积极构建专业化人才队伍；加强管理人员的综合技能培训，积极培育复合型人才队伍；加强管理人员的梯队建设，努力形成梯队合理分布的管理团队。通过一系列的团队建设，致力于打造一支以高效服务为目标、专业化素质比较强、复合型人才比较多、梯队分布相对合理的高素质、高效率的管理团队，为高校人事档案数字化管理的健康可持续发展提供重要的人力资源保障。

（三）以"安全"为导向建设档案数据库

在高校人事档案数字化管理过程中，还特别强调人事档案数据库的安全性建设，人事档案数据库的安全性不仅涉及高校人事档案当事人的个人权益，更关系到高校人事组织部门的用人决策，是关乎社会主义教育事业发展的大事。可以说，数据库的安全可靠与否，既是发挥高校人事档案服务功能的前提条件，又是贯彻落实"保密性"原则的基本要求。在当前高校人事档案数字化管理过程中，数据库的安全性问题较为突出，为此，建设高校人事档案数据库需要以"安全"为导向，重点加强数据库的安全性。具体而言，需要从以下几个方面着手：

1. 完善高校人事档案数据库的功能开发

以高校人事档案数据库功能的开发与完善，来防范和降低高校人事档案数据库自身的风险问题。在高校人事档案数字化管理，数据库建设还存在着某些功能缺陷，这些问题的存在不仅是高校人事档案数字化管理过程中要面临的重要风险，更是防范和化解风险的重要突破口。为此，在高校人事档案数字化管理过程中，人事档案数据库的技术人员，需要加强数据库的功能开发和完善，从源头上减少数据库风险的发生。例如，不断完善数据库的安全认证系统，所有查阅高校人事档案数据库的人员，均需通过相关的认证信息，对于涉及人事档案当事人隐私权的私密信息，则需要更高一级的授权或许可。通过建立安全等级和授权体系，有助于在一定程度上防范和降低数据库的信息泄露风险，保障和维护人事档案当事人的隐私权限，增强高校人事档案数据库的安全性。

除此之外，还需要开发和制定安全性能比较高的数据库系统软件，统一或基本统一数据库的存储格式，以服务于数据库分析和处理功能的发挥。高校人事档案数据库的存储格式千差万别，导致人事档案数据库的综合分析能力较弱，许多数据库的功能未得到充分的发挥，同时也给数据库的安全维护带来了一定的困难。当然，除了完善高校人事档案数据库的功能开发，积极购买安全性能高的软件系统，也是防范和降低数据库自身风险的重要措施。

2.规范人事档案管理人员的管理行为

以此来防范和降低人事档案数据库的人为操作风险。高校人事档案数据库的安全性建设，不仅涉及数据库自身的安全性，更与人事档案数据库的管理人员息息相关，人事档案数据库的人为操作风险也是数据库安全性建设面临的重要挑战。在高校人事档案数字化管理过程中，人为操作风险主要是指在实践过程中管理人员由于操作不当而导致的信息损毁或信息缺失的现象，防范和化解人为操作风险便要从规范人事档案管理人员管理行为，提高人事档案管理人员的安全意识等方面入手。一方面，完善人事档案数据库管理的规章制度、管理细则，不断规范管理人员的管理行为，强化管理人员的安全意识，这是防范和化解人事档案数据库风险问题的关键。在高校人事档案数字化管理在实践过程中，应当重视制度约束的重要功能和作用，逐步完善和细化人事档案数据库的制度管理规定，使人事档案数据库的管理人员行为选择有据可凭，减少和降低人事档案数据库管理中的随意性问题。

另一方面，加强人事档案数据库管理人员的安全意识培训和管理技能训练，这是防范和化解人事档案数据库风险问题的重要举措。在高校人事档案数字化管理过程中，人事档案数据库管理人员的安全意识和管理技能直接关乎人事档案数据库的安全性，管理技能培训在提高管理人员管理技能的同时，也强化了管理人员的安全意识，无疑是增强人事档案数据库安全性的重要手段。

3.优化与提升人事档案数据库的管理技术和管理手段

高校人事档案管理工作普遍存在管理制度不健全、管理人员配备不足、硬件条件不完全符合档案安全保管要求等问题，在一定程度上制约了高校人事档案作用的发挥。因此，要最大限度地降低人事档案数据库的管理风险。人事档案数据库的管理技术先进与否，不仅关乎人事档案数据库的内容建设，更关系人事档案数据库的安全性建设。为此，高校人事档案数字化管理在实践过程中应完善高校人事档案数据库的安全性建设，还需要不断地优化和提升人事档案数据库的管理技术手段，以先进的管理技术手段来降低人事档案数据库的管理风险。为此，需要注意以下几点：

第一，由于高校人事档案管理工作错综复杂，要进行管理和运用方法上的创新与优化。加大设备资金投入力度，建立符合高校特点的人事档案数据库管理平台；加强业务培训，全面提高档案工作者的综合素质；制定人事档案著录细则，明确管理职责；统一分类，保证检索查全率；拓宽人事信息收集范围，丰富人事档案数据库内容；部分公开人事档案内容，实现人事信息资源共享，由此增强人事档案管理的连贯性和系统性，使高校人事档案管理工作更具生机和活力。

第二，高校人事档案管理部门应当注意人事档案数据库的管理技术研发和运用。高校人事档案数字化管理在实践过程中，应当加大对管理技术研发和应用的扶持力度，提供专项研发资金，搭建专门技术人才培养队伍以提供最为便捷的条件支持管理技术的研发和应用。先进的管理技术手段，如数字认证技术、数字加密技术，不仅为高校人事档案数字化管理提供便捷，更是为人事档案数据库的安全性建设提供保障。

第三，在高校人事档案数字化管理过程中，管理部门还应当充分发挥各种管理技术的优势和集体合力。任何一种管理技术都有其适用领域和优势局限，高校人事档案数据库的管理人员，应当看到这些管理技术的优势与不足，充分发挥管理手段的优势，努力规避管理手段的不足，同时积极发挥多种管理手段、管理技术的集体合力，努力提高高校人事数据库的安全性。

（四）以"规范"为方向理顺档案管理制度

人事档案数字化管理制度是人事档案数字化管理有效实施的制度保障，在高校人事档案数字化管理过程中，应当充分发挥正式制度的约束和规范作用，充分保障人事档案数字化管理实践有章可循、有据可依。在当前，理顺高校人事档案数字化管理制度，需要以"规范"为方向和要求理顺总体性的管理制度框架、具体的日常管理制度，完善相关的配套制度，建立起以"服务"为核心的契合社会主义市场经济发展需要的高校人事档案数字化管理制度。在高校人事档案数字化管理实践中，完善高校人事档案管理制度需要从以下几方面入手。

1.加强高校人事档案管理的总体性制度设计

大数据时代背景下，高校人事档案管理数字化的发展趋势日益显著，实施高校人事档案数字化管理实践势在必行，要着力建构与市场经济相契合、以"服务"为导向的高校人事档案管理新制度。

在今后的高校人事档案数字化管理实践中，要加强总体性的顶层制度设计，重塑以"服务"为主导的制度设计理念。"通过改革和创新，使人事档案管理制度的功能由过去凌驾于个人之上，对人实行简单的控制逐步转化为相对人的发展与流动提供相应的信息、信用证明和服务。人事档案管理制度只有削弱控制功能而强化服务功能，才能真正实现对人的宏观管理，从而全面提升人事档案管理工作的层次。"可见，在高校人事档案数字化管理的实践过程中，必须积极实现从"管控"向"服务"的价值转型和观念重塑，在总体制度框架设计时，更加注重服务高校人事档案管理事业的发展需求，充分满足高校人力资源优化配置的多样需求，努力提高高校人事档案管理发展的新境界和新水平。

2.使人事档案数字化管理实践有据可依、有章可循

为实现这一内容要规范有序为指导加强高校人事档案数字化管理的日常管理制度建设。在高校人事档案数字化管理实践中，除了精心设计高校人事档案的总体性管理制度，还要设计人事档案的日常管理制度，这是指导高校人事档案数字化管理实践的具体管理制度。高校人事档案管理的日常管理制度，可以有效地规范和约束高校人事档案管理人员的日常行为，进而促进高校人事档案

日常管理的规范化、程序化、科学化等。完善人事档案数字化管理的日常管理制度，不断提高人事档案数字化管理的制度化、规范化、科学化水平，是高校人事档案数字化管理制度建设的关键所在。

在具体的制度设计中，应该逐步完善高校人事档案数字化管理中的档案归档、档案甄别、档案转换、档案保管、档案分析、档案利用等环节的分类管理制度，严格把关高校人事档案数字化管理实践中的各个环节和流程，努力实现高校人事档案数字化管理的规范化、程序化、科学化，使高校人事档案数字化管理实践，在制度约束下有序运转和良性发展。

大数据时代背景下，高校人事档案管理数字化制度创新实践中，应当特别重视日常管理制度的实践探索，努力适应大数据时代背景下高校人事档案管理数字化、信息化与规范化的发展趋势，不断完善与创新高校人事档案的日常管理制度和相关规定，这是大数据时代背景下高校人事档案管理制度建构与制度创新的基本任务，也是高校人事档案数字化管理实践过程中制度创新的重要方向，更是服务高校人事档案管理事业发展的必然需求。利用大数据，针对高校人事档案信息管理系统，开展分析和预测，并进行有效的规划，可以在最大限度上，避免高校高层次人才的流失，起到稳定人才的作用，要实现这一目的需要从以下两个方面入手。

第一，要针对当前的高校师资状况和结构进行调查，并与环境数据结合起来，利用大数据展开分析，并且针对高校人力资源，做出未来发展的预测，并且带来决策依据，从而形成科学的规划，进行中长期的师资引进，在每年的招聘计划中，都按照这个标准来进行。

第二，针对那些已经离职的教职工，进行相关信息的收集和分析，分析他们离职的原因和影响，并在日常管理中，制订相应的解决对策。高校方面利用大数据，针对那些有着离职倾向的教职工，进行重点的关注，彻底打消他们的离职想法，从而保持人力资源的稳定性，特别是保证高层次的人才队伍稳定，为高校的发展带来更多的科研项目和经费，从而促进高校的学科发展，实现技术创新，实现高校有形资产和无形资产的综合提高，从而针对高校人力资源、形成比较准确的预测，在高校人力资源进行数字化分析之后，加强科学管理，并且为以后的发展制定有效的决策依据，实现用人的管理，并且激励人，促进人的全面发展，使其可以为人才培养和科学研究贡献自己的力量。

（五）以"完备"为标准增强基础设施建设

在高校人事档案数字化管理过程中，基础设施建设也是十分重要的，高校人事档案数字化管理的基础设施建设主要包括硬件设备的更新、软件系统的完善以及网络实施的优化，这是高校人事档案数字化管理实践可以有序开展的重要条件和基础。在高校人事档案数字化管理过程中应当以建构功能完备、设施齐全的基础设施为目标，不断完善高校人事档案数字化管理的硬件设施、软件系统以及网络设施建设。为此，主要应从以下几方面努力。

1.不断完善高校人事档案数字化管理的基础条件

不断完善高校人事档案数字化管理的硬件设备、办公场所等硬件设施，为实施高校人事档案数字化管理创造良好的基础条件。高校人事档案数字化管理在运行过程中，硬件设施诸如办公场所、计算机设备、移动硬盘、摄像机、扫描仪、照相机等，是实现人事档案数字化管理必不可少的基础设施和办公条件，然而，在各地的高校人事档案管理过程中，仍有不少高校的这些基础设施十分匮乏。为此，需要采取措施完善高校人事档案数字化管理的硬件设施。

一方面，加强领导对基础设施建设的重要性认知，加大基础设施经费支持的投入力度，提供专项资金予以财力保障。基础设施的硬件设备和办公场所的添置，都是以雄厚的财力支持为依托的，为此，高校人事档案数字化管理在运行过程中，应当加强领导的重视程度和专项经费的投入力度，不断添置数字化管理所必需的硬件设备，不断改善数字化管理的办公场所和办公条件，为高校人事档案数字化管理的顺利实施创造良好的外部条件。

另一方面，高校人事档案数字化管理在运行过程中，还需要相关管理人员对数字化管理的硬件设施，及时进行维护和管理。硬件设施的建设不仅仅是一个添置设施的问题，更是一个硬件设施维护和管理的过程，离开了硬件设施的维护和管理来谈硬件设施的建设是不完整的。在高校人事档案数字化管理过程中，管理部门应当安排专职人员对硬件设备和办公场所进行设备维护和日常管理，最大限度地延长高校人事档案数字化管理设施的使用寿命和生命周期，避免高校人事档案数字化管理设备和设施的无端浪费，实现高校人事档案硬件设备和办公场所利用效率的最大化，以便更好地服务高校人事档案数字化管理实践的发展需要，服务高校人事档案管理事业的长远需求。

2. 不断完善高校人事档案数字化管理的软件系统

人事档案信息数字化管理的重要基础是其所依赖的配套设备、应用软件、操作系统等，这也是"人事档案数字化信息在读出和检索等方面的技术基础"。在高校人事档案数字化管理过程中，除了硬件设备的建设，软件系统也是十分重要的，软件系统在人事档案管理过程中不仅是人事档案数据库运行的重要技术支持，更是数字化管理得以实现的关键。为此，必须采取措施不断地完善高校人事档案数字化管理的软件系统，应从两方面入手：一方面，要加大经费支持力度，配备相关的技术研发人员，积极推动高校人事档案数字化管理的软件系统研发和功能完善。软件系统的完善主要依靠技术人员的研发，然而，这又需要专项经费支持和人才专门的配备。为此，在高校人事档案数字化管理过程中，人事档案管理部门应当统揽全局，积极争取上级部门的人力、物力、财力支持力度，积极调配专门的管理技术团队，加大技术研发的财力支持和激励措施。同时，积极借鉴高校人事档案数字化管理过程中的先进信息技术，不断完善和拓展人事档案管理系统的功能。另一方面，积极提升高校人事档案数字化管理过程中，软件系统的实践应用程度，为高校人事档案数字化管理实践的顺利开展,奠定坚实的基础。高校人事档案数字化管理在运行过程中,不仅应当注重软件系统的研发和功能完善,更重要的是将理论成果转化为实践应用的科技成果,不断提高人事档案管理软件系统的应用效果,从而不断服务于高校人事档案数字化管理过程中的数据库建设和日常管理。

3. 不断优化高校人事档案数字化管理的网络设施

在高校人事档案数字化管理过程中,除了硬件设施、软件系统外,人事档案数字化管理的网络设施也是十分关键的。在高校人事档案数字化管理的运行过程中,网络设施和网络设备既是高校人事档案数据库安全性建设的重要条件,也是高校人事档案数字化管理的重要保障和现实条件。然而,在目前的高校人事档案数字化管理过程中,受限于"经费投入的有限性",互联网网络与局域网建设仍然相对滞后,难以满足人事档案数字化管理的需要。为此,必须顺应大数据时代对数字化处理速度的要求,积极采取措施努力提高高校人事档案数字化管理的网络设施和网络服务质量,以更好地满足高校人事档案数字化管理实践的需要。一方面,应加大经费支持力度,不断添置高校人事档案数字化管理的网络设备,改善网络设施的硬件条件。具体而言,主要是指专门拿出专项经费,购买网络路由器、转换器、网线等基础设备,为优化高校人事档案数字化管理的服务网络奠定基础。另一方面,要顺应大数据时代对网络数据处理速度和传输速度的要求,购买服务性能更稳定、网络速度更高的网络宽带,完善人事档案数字化管理的局域网,为高校人事档案数字化管理完善高校人事档案数字化管理的网络服务设施创造条件。

总之,在高校人事档案数字化管理在运行过程中,应当通过不断完善网络服务设施,提供性能更为优越的网络服务质量,来满足高校人事档案在数字化管理过程中对网络传输速度、网络分析速度的需要,以便更好地服务于高校人事档案数字化管理事业的发展需求,更好地服务于高校人事档案当事人的多样化需求。

参考文献

[1] 王华.成本会计学 [M].上海：上海交通大学出版社，2012.

[2] 赵有生.现代企业管理 2 版 [M].北京：清华大学出版社，2006.

[3] 梁少秋.现代企业管理 2 版 [M].南京：南京大学出版社，2010.

[4] 周海娟.现代企业管理 [M].北京：中国发展出版社，2011.

[5] 张忠寿.现代企业财务管理学 [M].上海：立信会计出版社，2013.

[6] 王化成.财务管理 [M].北京：中国人民大学出版社，2013.

[7] 刘淑莲.财务管理 [M].大连：东北财经大学出版社，2012.

[8] 傅元略.中级财务管理 [M].上海：复旦大学出版社，2007.

[9] 王通讯，中国人事科学研究院.大数据人力资源管理 [M].北京：中国人事出版社，2016.

[10] 吴冬梅，等.大学教师人力资源管理 [M].北京：首都经济贸易大学出版社，2014.

[11] 孟瑜.学校人力资源领导 [M].上海：华东师范大学出版社，2018.

[12] 蔡治.大数据时代的人力资源管理 [M].北京：清华大学出版社，2016.

[13] 陈葆华，任广新，张建国.现代人力资源管理 [M].北京：北京理工大学出版社，2017.

[14] 刘建强，刘来，陈建芳.应用型本科院校绩效管理研究 [M].湘潭：湘潭大学出版社，2017.

[15] 陈媛华.大数据时代的高校人事档案管理创新 [M].成都：四川大学出版社，2015.

[16] 高升著. 高校人力资源管理及其创新机制研究 [M]. 哈尔滨：哈尔滨工业大学出版社，2018.01.

[17] 徐明祥著. 地方应用型本科院校人力资源管理机制研究 [M]. 昆明：云南教育出版社，2017.12.

[18] 姜丹. 高校人力资源开发与管理 [M]. 长春：吉林人民出版社，2017.07.

[19] 樊文婧. 我国高校人力资源管理效能提升研究 [J]. 中国管理信息化，2022（14）：143-145.

[20] 李媛著. 新时期高校人力资源管理改革的理论研究 [M]. 哈尔滨：东北林业大学出版社，2017.06.

[21] 阙胜齐著. 高校人力资源配置和管理研究 [M]. 武汉：中国地质大学出版社，2017.04.

[22] 李晓. 创新创业背景下高校人力资源管理专业实践教学体系改革研究 [J]. 小作家选刊，2018（第1期）：259.

[23] 殷玉玲. OBE教育理念下人力资源管理专业应用型人才培养模式探讨 [J]. 创新创业理论研究与实践，2022（12）：119-121.

[24] 许彩霞. 创新创业背景下高校人力资源管理专业实践教学体系改革研究 [J]. 鸡西大学学报，2016（4）：23-26.

[25] 袁仕海. 民办高校人力资源管理专业应用型人才培养模式的创新研究与实践 [J]. 当代青年（下半月），2015（12）：349-350.